KOLOLO
METHOD

はじめての
コロロメソッド

自閉症の子の
生活力をつける
療育プログラム

コロロ発達療育センター 編

合同出版

はじめに

〜できることから少しずつ、できないこともスモールステップで〜

　コロロの教室には、発達に心配のある子どもたちが各地から訪れます。年齢、診断、症状はさまざまですが、共通しているのは、一般的な接し方をしていたのでは、当たり前の発達ができない部分がある、ということです。

　片時もじっとしていられない、なかなかことばがでない、話せていても一方的な発話でコミュニケーションがとれない、パニックや癇癪がひどく生活がままならない、食事や睡眠など基本的な生活リズムが整わない、接触に過敏で入浴や散髪など身体のケアができない、暴言や暴力など対人トラブルが絶えず孤立しているなど、ご相談例は多岐にわたります。

　コロロが誕生した 40 年前と比較すれば、現在は自閉症や発達障害ということばはよく知られるようになり、社会の理解は広がっているように見えます。自閉症の特性に対応したさまざまな療法や、強度行動障害と言われる状態への対処法など、ＳＮＳを開けば、情報が溢れています。

　「好きな物を与え、好きなだけさせたほうが安定する」という考え方もあれば、「環境設定して物をなくしたほうがよい」という正反対の考え方もあります。今現在、目の前のわが子との生活の困難に直面している親にとっては、情報過多で何を信じてよいのかわからない、とかえって混乱することもあるくらいです。

　社会で本人が幸せに生きていくために何をしたらよいのか……それを考えるとき、「どの療法（対応法）を行ったか」ということよりも、「その結果どうなったか」から目をそらさないことが大切です。エビデンスがある

と言われる療法を行っても、結果として本人が社会から孤立し、個室で誰とも関わらずに、周囲からは腫れ物に触るような対応をされ、何もできない人のように過ごす……そんな暮らしを送ることになるのでは意味がありません。

　社会の中で人とつながり、関わり、愛されながら生きていくことは、誰もができることであり、どの人もたくさんの可能性を持っているのです。親や支援者は常にそれを忘れず、試した療法や対応法の結果を謙虚に受け止め、子どもがどこに向かって進んでいるかを確認していかなくてはなりません。

　1983年に設立された「コロロ発達療育センター」は、「子どもの持っている力を最大限に伸ばし、社会の中で生きる力をつけていくこと」を目指して、幼児から成人までの療育を行ってきました。本書でご紹介する「コロロメソッド」は、40年にわたるコロロでの実践の中で得た知見から体系づけられた、ことばが増える・伝わる・問題行動が減る療育プログラムです。もちろん子どもは一人ひとり違い、すんなりとプログラム通りにはいきません。発語がない子、関わりのむずかしい子との格闘の中で、その子にあった方法を見つけるのです。そのことを創始者の石井 聖*は「天空に無数にある星の中から、その子に合うたった一つの星を見つける」と述べました。それが療育の神髄であり、プロの技術です。マニュアル通り、セオリー通りでは決してうまくいかない、ひたすら先人から学び、

目の前の子どもから学び、格闘し、試行錯誤することの積み重ねでしか、到達することのできない世界です。スタッフも親も、子どもと一緒に汗や涙を流しながら、できることを増やし、できないことはなぜできないのか、どうやったらできるのかと工夫しながら、子どもの目になって、子どもの頭になって、歩んできた道のりです。

　こうしたさまざまな実践や親の手記を、コロロではこれまで季刊誌「発達プログラム」に掲載してきました（1988 年に「風見人」として創刊され、現在 169 号）。そのなかの具体例を、2011 年に刊行した『コロロメソッドによる自閉症療育——くらしの力を育てる』（明治図書出版）で抜粋してまとめました。本書は、装いも新たに内容もさらにアップデートして、みなさまにお届けするものです。

　積み上げられた実践とその結果の中から、今、目の前のその子にできる何かが見つかるはずです。今日できることから少しずつ、まだできないことはスモールステップで。必ず糸口は見つかります。本書がその一助になれば幸いです。

コロロ学舎児童支援部長　羽生裕子

＊石井聖：1940 年東京生まれ。慶應義塾大学文学部および法学部卒業。1965 年、立川市役所福祉事務所勤務。知的障害者福祉司。1979 年、立川市ドリーム学園園長。（財）日本知的障害者愛護協会認定治療教育士一級。1983 年、小露路治療教育研究所設立。1998 年、社会福祉法人コロロ学舎設立、理事長就任。

もくじ

第1章　はじめてのコロロメソッド

第2章　家庭ではじめるコロロメソッド

コロロメソッドの用語解説

　この本には、いくつかのコロロ用語が出てきます。読み進める前にあらかじめことばの意味を理解しておいてください。キーワードは、索引にしていますので、事典のようにもお使いください。

●行動リズム…
人の行動は緊張と弛緩の繰り返しで成り立っている。発達障害があると、行動リズムが小刻みに繰り返されるため持続、集中が続かない。

●行動トレーニング…
あらゆる指導、訓練に先がけて行う有効かつ共通の基礎トレーニング。静止動作の持続を目的としたものや動きの持続を目的としたものがある。

●常同行動…
おなじ動きを繰り返す行動。手をひらひらさせる。ぐるぐる回転する。身体を揺らすといったような行動。

●マイペース…
自分のペースでなら行動できるが、他者からの指示や介助・介入に応じられない状態。

●ユアペース…
マイペースの反対語で、他者からの指示や介助・介入にスムーズに応じられる状態。

◉意識レベル…

脳の活動水準を表すことば。上位脳が働いていると意識レベルが高く保たれ、常同行動や反射的な行動は抑制される。

◉体幹支持…

胴体の部分（体幹）の重心がヘソのあたりにあって姿勢が定まっていること。体幹支持の力が弱いと身体や頭が始終揺れたり、身体のバランスが保てない。

◉発達段階

発達段階	行動特徴
第1段階	マイペースな行動が頻発し、他者の指示に応じることができない。
第2段階	設定された環境の下で、相手に合わせることができる。
第3段階	どの相手にも合わせることができ、変更に応じることができる。
第4段階	状況判断して、自発的に行動し、自己コントロールすることができる。

第1章

はじめてのコロロメソッド

1 コロロメソッドによる家庭療育

　片時もじっとしていない、癇癪(かんしゃく)が絶えない、なかなか言葉が増えない、決まったものしか食べない、夜寝てくれない。何かがおかしいと不安に感じながら、手探りで子育てをしているうち、検診などで発達の遅れを指摘され、発達障害、自閉スペクトラム症などの診断をされたものの、家庭でどう接していいのかわからない。

　園や学校で頑張っているのだから、家にいるときくらいは自由にのびのびとさせておいた方がいいのではないか、と好きにさせておくと、しばらくは機嫌よくしているけれど急に癇癪を起こしてしまう。また、いざ何かさせようとするとひどく嫌がり、何も教えることができない。そのため、生活もままならず、年齢相応の発達が進んでいかない……そんなご相談が今日もコロロにはたくさん寄せられます。

　ごく普通の接し方ではコミュニケーションがとりづらく、発達がうまく進んでいかない子どもたちに、どう関わり、何をどうやって伝えていったらいいのか。コロロでは 40 年にわたる実践のなかで、こうした子どもたちの発達を促す方法を研究してきました。そして、子どもの行動を観察・分析し、教え方・伝え方を工夫することで、実践を積み上げてきました。こうして体系づけられた「コロロメソッド」に基づいた、家庭でできる療育を、本書では具体的なトレーニング法を交えて紹介していきましょう。

　コロロメソッドは、「療育の主体者は親である」という考えを基本にし、「畳一畳でもできるトレーニング」という視点から考案されています。親やきょうだいと一つ屋根の下で生活しながら、日常生活のなかにトレーニ

ングの要素を導入し、無理なく家庭を療育の場にすることを念頭において開発・改良してきたものです。家庭がくつろぐ場であるのはもちろんですが、それと同時に将来の社会生活のための基盤を作る場でもあるのです。筋力トレーニングやピアノの練習なども、週に1回長時間行うよりも毎日少しずつ積み重ねる方が効果があると言われますが、家庭療育もそれと同じです。毎日少しずつでもトレーニングを継続することにより、子どもが大きく発達・成長する機会が得られます。また、親が療育に積極的に関わることで、園、小学校、中学校、高校、社会人へと、関わる人や生活の場が変化しても、一貫した療育を行うことができます。

家庭療育で気をつけること・目指す目標

　家庭で療育をする際には、以下のように目指す目標をあらかじめ決めておきます。

① 意識レベルを高く保つ

　〇常同行動を減らしていきます。
　〇ごろごろ寝転がっている、またはピョンピョン跳びはねている状態を減らしていきます。
　〇体幹支持ができ、一定時間よい姿勢を保つことができるようにします。

立位：一定の場所で動かず
に一定時間立っている。

正座：手はひざの上にのせ、
顔は正面に向け、背筋を伸ば
し肩の力を抜く。

座位（イス）：上半身は正座
と同様。ひざをそろえ、足の
裏は床につける。

② 目的行動を持続する

○ものごと（簡単なことでもよい）を続けてできるようにします。

○ちょっとやってはすぐ止める、立ったと思ったら座り込むなどの小
刻みな行動を改善して、目的行動を一定時間続けられるようにします。

○着替えや食事など、途切れ途切れに行っている目的行動を最短時間
（最短距離）で途切れずに行えるようにしていきます。

○今やるべきことをわかりやすく示し、それに適った目的行動がとれ
るようにします。

着替えなどの目的行動を、
途切れずに行えるようにする。

とりくみやすい簡単なことでよいので
持続してとりくめるようにする。

③ 環境の変化に応じられる（マイペースからユアペースへ）

　ユアペースとは、状況の変化に柔軟に対応できる力です。マイペースではなく、相手の行動に合わせることができるようにします。

　○行動の始まりと終わりは大人が決め、大人の指示や周囲の状況に合わせて行動できるようにします。

　○勝手に行動するスタイルから人が提示した課題にとりくめるようにします（マイペースからユアペースへ）。

お手伝いや学習等、本人の好きなようにさせるのではなく、
大人の指示に合わせてとりくめるようにする。

④ 言語・概念を育てる

　○学習指導を通じて言語・概念を育て、コミュニケーションをとりやすくします。

　○言語によるコミュニケーションがとれるようになると、その場の状況を理解し相手に意思を伝えられるようになります。

　○問題行動が軽減し、適応行動が増えていきます。

　○学習行動は、脳の発達を促します。

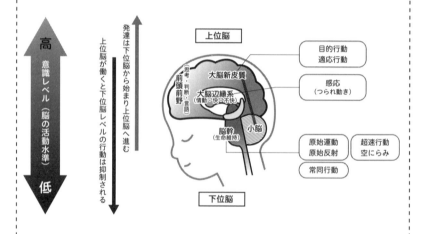

　乳幼児期は脳幹・大脳辺縁系などの下位脳が優位で、原始反射・原始運動が出現します。発達に伴い、上位脳である大脳新皮質にネットワークができ、思考・判断を伴った適応行動がとれるようになります。学習により上位脳を活性化させることは、言語獲得のみならず、問題行動を軽減し適応行動を促すことに繋がります。

2 コロロメソッドのあゆみ

　具合的な療育、トレーニング法を説明する前に、ごく簡単に「コロロ発達療育センター」の成り立ちを紹介しておきましょう。

　今から40年前、1983年に東京都立川市で福祉施設のケースワーカーをしていた石井聖が43歳のとき、東京都国分寺市の小さな民家で【小露路【ころろ】治療教育研究所】を設立したのが、現在のコロロ発達療育センターの始まりです。

　石井はケースワーカーとして訪問活動をしていましたが、繁華街のはずれにある旧家の角でいつも足が止まりました。そこには納屋とも離れとも思われる建物があり、締め切られた格子戸の中からは、動物のうめき声のようなものが漏れていました。ここには、当時27歳の重度知的障害の男性が閉じ込められ、一日中ピョンピョン跳びはねては窓の木枠をかじり、土間にある便器の横で泥いじりをしていたのです。

　「この男性の母親に案内されて、中に入ったときの気持ちは今でも忘れられません」と当時を思い起こしながら石井は語っています。その晩、まんじりともせず夜を徹して考え、「このような人たちを解放して少しでも人間らしい生活ができるようにし、家族の苦しみを軽減することが、自らに課せられた使命なのではないか」と思い至ったといいます。

　その当時は、自閉症児指導の手引書などまったく存在しませんでした。その後10年におよぶ市の通園施設での試行錯誤を経て、コロロメソッドの下地が作り出されていきます。

(**3** コロロメソッドの特徴ってなに?

　コロロメソッドについてよく質問される内容を Q & A 形式にまとめて、その概要を紹介したいと思います。

Q1 自閉症の療育にはさまざまな療法がありますが、コロロメソッドの特徴は何ですか?

A1 大きな特徴としてはつぎの 4 点があげられます。

① 学習によって、ことばの発達を促します

　ことばが出ない子に文字を書かせることによって発語を促し、さらに概念を獲得していけるように概念学習プログラムを個別に組み立てています。多くの自閉症児には視覚優位の傾向があり、音声よりも目に見える文字のほうがわかりやすい場合が多いのです。

　実際に、他の療育機関で「ことばは出ない」と宣告された子どもたちでも、このプログラムによって発語した例が少なくありません。

② 見てわかりやすい集団により社会適応力を育てます

　課題も教材もすべて個別に用意していますが、個人指導の形をとらずに、できるだけ集団でとりくめるようにしています。整然とし

た集団の中で一緒に行動することは子どもにとってわかりやすく、社会的行動を習得しやすいからです。

　集団に入れなかった子が、初日から集団の中で無理なく行動する姿を見て驚かれることがよくあります。特に行動障害の強い子には、コロロメソッドによる「集団」が効果を上げます。

③ こだわりをくずし変化に対する適応力を育てます

　計画的・段階的にこだわりをくずし、「いつでも・どこでも・誰とでも」適応行動がとれることを目指します。いちばん困っている問題行動に対応する前に、相手に合わせたり、指示に応じたりする「よいパターンをつくる」ことを目標にします。くずせるこだわりから一つずつくずしていくといった「こだわりくずし」を行うことによって、いろいろな状況に対応する適応力が身につきます。

④ 行動リズムの調整を行い、集中持続力を高めます

　指導をするとき、身体のリズム、動きのリズム、動と静のリズムなど、行動リズムの調整をベースにしてプログラムを進行します。

　①〜④のプログラムは、常に発達全体を見据えながら全人的に関わっていこうとするものですから、他の療法と並行しても差しつかえありません。

Q₂ 実際にどんなことをしているのですか。

A₂ 学齢ごとに実際のプログラムを紹介しましょう。それぞれの年齢に応じて施設の教室に通所して療育を受けています。

① 幼児

コロロメソッドによる早期療育プログラムを行います。リズム体操、手遊び集会、戸外歩行、食事指導、学習指導、行動トレーニングなどを通じ、集団での活動で社会適応力を身につけます。

また、各年齢を通じてコロロ独自の集団運動音楽療法であるダイナミックリズム（DR）を行います。音楽を使ったさまざまな動作運動ですが、集団運動が苦手な自閉症児者が無理なく、楽しく行えるように考案されています。

② 小学生～高校生

学童教室

机に向かって学習する形態（週1回2時間）を基本に、ことばの指導・概念学習、行動トレーニングを行います。教材はすべて個別に用意し、毎回、家庭で行う課題（宿題）を出します。親が子どもに対応する方法を理解し実践できるよう、具体的にアドバイスもします。「主たる療育者は親」（10ページ参照）という位置づけをしているのも、コロロメソッドの大きな特徴です。

フリースクール

　一日通して集団活動を行う中で、個別にプログラムを立て、社会生活に必要なスキルを身につけます。集団学習・個別学習・作業指導・戸外歩行・行動トレーニング等を行います。

放課後等デイサービス

　戸外歩行・行動トレーニング・作業指導等を通して身体や手指のコントロール力を高め、集中力・持続力を伸ばします。

③ 成人期

生活介護

　コロロメソッドに基づいた療育を成人期にわたっても持続的に行うことで穏やかな家庭生活を目指しています。戸外歩行・概念学習等の他、受注作業や季節の余暇活動にとりくんでいます。

　また、コロロでは指導者研修会、講演会、親向けの勉強会、季刊誌や書籍の発行など、多岐にわたる活動をしています。

Q₃ 「学習よりも生活指導のほうが障害児には大切」と言われました。7歳の子どもの学習をどう考えていますか？

A₃ 学習の開始は早ければ早いほどよいと考えています。コロロメソッドで行う学習活動は、脳を刺激することが目的の一つになっています。発達が遅いからといって、その分脳の成熟期が先送りされるわけではありませんから、行動が落ち着いてからと思っていると、学習活動による脳を刺激する好機を逃してしまうことになりかねません。

日常生活の基本動作を教える際にも、子ども自身に「覚えよう」という態勢がないと、なかなか身につきません。学習活動によって脳がしっかり機能してくれば、生活指導による日常動作はいつでも教えられます。

コロロの教室や教材では、文字や数字を書かせることを重視しているので学習塾のように思われることがありますが、文字や数字による学習は誰でも、どこでも行いやすい、子どもたちにとってわかりやすく、話しことばよりもコミュニケーションギャップが生じにくいといった利点があります。学習活動によって脳の発達を促すことはとても重要な療育の一つなのです。

Q4 コロロの教室では正座をさせたり、一定の運動を強制したり、訓練的だと聞きました。子どもの自発性が損なわれませんか？　反動は生じませんか？

A4 子ども自身がよくわかってとりくんでいるときには反動は生じません。もっとも、一般的な「反動」と自閉症児の反動・反発は、発生のメカニズムが違いますので、注意が必要です。きちんと訓練されていない自閉症児のほうが、少しの変化に変更があったとき、むしろ不適応行動が増幅されるのではないでしょうか。

　もともと言語認知障害のある子は、場所や相手によって態度が極端に違ってしまう「反応格差現象」が顕著に現れることがあります。コロロメソッドでは、まず教室でパニックを起こさず、一定の学習態勢がとれることを優先課題と考え、刺激の与え方に細心の注意を払います。その結果、子どもが学校などで抵抗するようなことでも、コロロではすんなりと受け入れられる状態になります。

　それを見て「我慢している」と言う人がいますが、そうではありません。〈特定場面の特定反応〉といったパターン反応なのです。コロロでは、このパターン反応を利用したりくずしたりすることによって、徐々に適応力をつけます。目の前の問題行動の原因は、その場にあるのです。

　このようなプログラムを実行するには指導技術が必要ですが、この技術は難易度が高いために誰でもすぐにできるというわけではありません。そのために指導者研修に力を注いでいます。スタッフの指導技術の向上に力を注いでいるのも、コロロメソッドの特徴と言えるでしょう。

4 コロロメソッドを体験しよう

　教室を初めて訪れる子どもたちのほとんどが、多動・パニック・こだわりなどのさまざまな「問題行動」を抱えています。保護者のみなさんは「何かさせようとしても嫌がり、自分のやりたいことしかしてくれません」「本人の思い通りにならないとすぐパニックを起こして騒ぐので、腫れ物に触るような気持ちで接しています」という悩みを口々に訴えます。

　コロロの体験教室に参加すると、一定時間（短くても1時間くらい）着席できたり、集団の流れに沿って行動したり着席したりするわが子の姿を見て、「こんなことができるなんて信じられません」と、驚かれる方もいます。今までマイペースが強く指示も入らなかった子どもが、まるで魔法にでもかかったかのように、コロロのプログラムにのってしまうのです。

　K くんは小学校2年生ですが、多動のためになかなか学校での学習態勢がとれません。K くんが初めてコロロの教室に来たときの様子とスタッフの対応を紹介します。

　なお、このようにマイペースが強く、パニックが頻発している状態を、「（発達段階が）第1段階の子ども」と位置づけて対応していきます。

① 不機嫌反応を起こさせない

　第1段階の子どもを療育する際に心がけているのは、「教室では、ぐず

ったりパニックを起こしたりさせない」ということです。

　言語認知能力に遅れのある子どもたちは、行動がパターン化しやすいという特徴があります。ある特定の刺激に対してはおなじ反応が返ってきますから、コロロという特定の環境下（刺激）で一度不機嫌反応が起こると、次回に教室を訪れたときも、その反応が繰り返される可能性があります。

　こうした悪循環を避けるため、パニックや長時間のぐずりといった極端な不機嫌反応を起こさせないように配慮します。

　スタッフにとって、子どもが入室する瞬間がもっとも緊張するときと言っても過言ではありません。母子分離や環境の変化に対する耐性の度合いを瞬時に判断し、どのように導入するかを考えなくてはならないからです。

② 子どもの興味を活用する

　マイペースが色濃く残る第1段階の子どもたちは、スムーズに入室できてもいきなり指示をすると、すぐに拒否反応を起こします。だからといって、ただ様子を見ているだけでは、教室中を走り回ったり、お母さんのそばから離れなくなったりしてしまいます。

　Kくんはスムーズに部屋に入ることができましたが、すぐに2階へ行こうとしました。事前にお母さんから「電車が好き」と聞いていましたので、スタッフは机の上に電車のミニチュアや絵本を並べておきました。そして、「Kくん、電車を見よう」と声をかけ、すばやく机の前に座らせました。

　正座の経験がなかったKくんですが、学習をしている他の子どもたちの間につられるようにして座りました。このように集団の力を活用するのは、コロロ独自のテクニックの一つです。横一列に並んだ子どもたちの間に、Kくんのための空間をつくっておけば、自分がどこに座ればいいのか一目瞭然です。このように導入場面では、子どもが興味を示すものを使う

ことも有効です。途中で離席しそうになったときにも、好きなおもちゃや本を教材にすることで、着席時間を延ばすことができるのです。

　本人の好きなもの（ときには、こだわっているもの）を使うことはマイペースを認めているかのようですが、一定時間着席し、提示される教材を注視するという学習態勢を形成するためなのです。あと１〜２回好きなものを活用した学習態勢づくりを行えば、ユアペースを強めても不機嫌反応をコントロールすることは容易になるはずです。

他の子どもたちが横一列に座っているところにＫくんのための空間を作っておく。

③ 持続力を伸ばすための教材提示のタイミング

　入念な環境設定とスタッフのすばやい対応で、うまく集団参加ができたＫくんでしたが、やはり持続力がなく、はじめは夢中になって並べていた電車のミニチュアにも飽きてきたようです。

　タイミングを見計らって、スタッフは机の上に絵カードを４〜５枚並べました。カラフルで子どもが見慣れているりんご、かさ、車、イス、な

どです。スタッフはKくんの目を引くように、おなじ絵カードを机のカードの下に並べて、マッチングするように見せました。4枚並べたところで5枚めを渡してみると、Kくんは正しい位置にカードを並べることができたのです。これは同型マッチングという課題です（67ページ参照）。

　カードの並べ方を変えて数回繰り返したあと、Kくんが飽きる前に、今度は色シールを横一列に貼って見せました。Kくんにもシールを渡すと、どんどん貼り始めました。紙の上の2点・3点を線で結ぶ課題、さらに模写と、スタッフがタイミングよく出していく課題をKくんは、次々とこなすことができました。

■Kくんがとりくんだ課題

同型マッチング

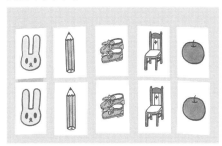

線むすび

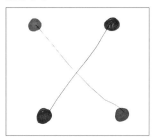

色シール貼り

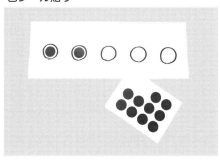

模写

教材提示のタイミングも、子どもが飽きる前をねらうのがコツです。教材を提示するときに、速いテンポで間【ま】をおかずに次々と違う教材を出すことで、着席や注視時間を伸ばすことが可能になります。持続力のない子どもでも、電車の窓から見える景色やテレビのコマーシャルにかなり長い時間見入っていることがありますが、それと同じように速めのテンポで次々に教材を提示することで、見ることが持続します。

　もし、提示した教材を注視しなかったり拒否反応を示したりするときは、無理をせず他の教材に切り替えなければいけません。このタイミングはとても大切で、高度なテクニックが必要です。

　第１段階での重点課題は、一刻も早く望ましい学習態勢（よい行動パターン）を形成することです。それがより長い時間持続すればするほど、ユアペースの行動パターンに近づいていきます。

　第１段階においては決して無理をせず、不機嫌反応を徹底的に回避することにより、徐々にユアペースへ移行するための適応力を養っていきます。こだわりの活用、そして子どもの反応に応じてすばやく教材を変える指導の柔軟性こそが、短時間でユアペースに持っていくための魔法術なのです。

家庭療育の記録

発語プログラム

◆無発語だった息子のＳ

「療育手帳Ａ・重度」。誰もが「この子に発語は無理」と思ったことでしょう。6歳まで無発語だった息子のＳが、小2の現在「パパ、ママ、お姉ちゃん」と言い、あいさつができ、簡単な動作語も言えるようになりました。どのような経過をたどってここまできたのか、お話ししたいと思います。

2人めの子どもでしたので、1歳をすぎても模倣をしない、発語がないことはとても気がかりでした。息子の口から発せられるのは、泣き声と動物のような叫び声のみで、とても喃語と呼べるものではありませんでした。4歳6カ月でコロロの初回面談を受けたのは、『自閉症児（言語認知障害児）の発語プログラム——無発語からの33ステップ』（石井聖著、学苑社）を読んだからです。それまで読んだ多くの本と違い、発語までのプロセスが理論的かつ具体的に示されており、「このとおりにすれば発語できるんだ」と興奮したものです。

さて、学習レディネスから出発したＳは、動作模写の課題をするころから模倣が出始め、書字課題の段階になると外国語のようなあいまいな音の声出しが始まりました。

◆発語訓練開始

50音が聞き書きできるようになったころ、いよいよ発語訓練開始です。まずは、声出しを止めることを課題としました。歩いていてもひっきりなしに口から音が漏れていましたので、本気で「お口を閉じる」練習をさせました。また、コロロの先生から「『これ』を見せたら、必ず声を出せるという『これ』を探してください」と言われましたが、この『これ』が見つからず、勝手に口から音は出るのですが、出そうと思う

と出せないのです。

　ある日、「家事をしないでSを一日観察しよう」と決め、つきっきりでSの口から
出る音を全部記録しようとしたのです。さすがに一日は無理で、2時間で切り上げま
したが、どの音が出やすいのか、これでわかりました。それは、「ん」と「あ」でし
た。そこで、ターゲットを「ん」に決めました。「ん」のカードをいつも持ち歩き、Sが
「ん」の音を出したらすかさずカードを見せ、「ん」と言いました。逆マッチングの
要領でしょうか。音を出したらできるだけ早く「ん」を見せ、「今あなたが出した音は
『ん』で〔n〕なのよ」とコミュニケートしたのです。それと同時に机上学習で、「に
んじん→きりん→ぱん」と、韻を踏む教材で何度も練習しました（写真①）。

　　写真①　韻を踏む教材

◆Sの好みの教材で繰り返し練習

　Sは、注視教材の中でもパタパタめくるタイプのものが好きでしたので、彼の好き
そうな教材をせっせと作ったものです。鼻と鼻をくっつけて低い声で「ん〜〜」と言っ
てやると、ビブラートがかかっておもしろいらしく、とても喜んで自分からも声を出し
そうになるので、これは私の「とっておき」で、何度も繰り返しました。

　また、おにごっこをしたり、くすぐったり……。お風呂に入ると声が出やすいことが
わかったので、わざとハイにさせたり、ラップの筒を口にあてたり、マイクを使ったりと、
この時期「何でもあり」の姿勢で、息子が「あれっ⁉」と思うものを探しました。「あ

れっ!?」と思って興味を示したら、こっちのもの。

　このころは「さあ!　今から発語訓練の時間」と構えずに、日常生活まるごとがレッスンだったように思います。併せて学習と歩行も集中してやりました。これらを繰り返すうちに、「しんかんせん」「かいだん」などの語尾の「ん」を自分から言おうとし、それらしく聞こえるようになってきました。そして、やっとパタパタカードを見たら「ん」の音を出すということを理解し、一つめの「これ」が見つかったのです。

　親子ともコツをつかんだところで、つぎは「あ」「な」「ば」とカードを増やし、また「牛のお散歩」「こんにちはママ」(コロロオリジナルの歌)……の教材で言える音を増やしていきました。言えるようになった単語は発語カードにし、カードを見て、発語練習を繰り返しました。「もも」「ばなな」「まま」から「あお」や「あんまん」など、変なカードもあります(写真②)。

写真②　絵入りの発語カード

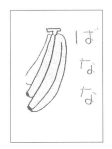

◆絵入りから文字のみの発語カード

　この時期、「今言える音を正しく言い分けさせること。その回数をこなすこと」とのアドバイスをいただき、暇さえあれば親子でカードを読んだものです。つぎには絵入りの発語カードから文字のみのカードにし、リングに通して短冊にしました（写真③）。

　Ｓは「ふーー」っと息を吐くことがむずかしく、笛を吹いたりシャボン玉を吹いたりすることが、いつまでもできませんでした。ある日、熱いものを食べて「アッ」っと感じたとき、「ふーふーだよ」と言ったら、それらしい音が出せました。これが目覚めの刺激だったのかもしれません。

　ただし、先生には「わざと本人が嫌がるようなことをして『いや〜』と声を出させる方法もないではないが、不快な刺激はあまり与えないほうがよい」と教えていただきました。また、好きな食べ物を口に入れるときに「あーん」や、アイスなど舌を出して舐めるもので「えー」と音を出させようと試みましたが、食への関心が薄いＳにはうまくいかなかったので無理には行いませんでした。

　発語練習中はコロロの教え通り、以下の２点を常に心がけました。

　・「お・は・よ・う」ではなく、「おあおー」のほうがよい。
　・２回以上言い直しをさせない。

写真③　文字のみの発語カード

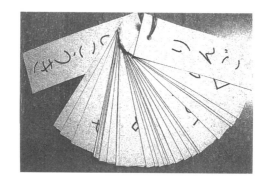

◆プログラムを組むコツ

　何かにつけてうまくいかない、プログラムが進まない、そんなとき、私は息子を観察します。ときにはメモをとり、どうしてできないのかを、とことん観察し考えます。すると、たいてい「わかるように教えていない」ことに気がつきます。

　それなら、どうしたらコミュニケートできるか、あの手この手で、遊び心も取り入れ試してみます。ですから、教材もカレンダーの裏にささっと書いて作る程度です。せっかく作っても使えなかったものもたくさんあり、だめなものはスパッと止め捨ててしまいます。何度か試すうちに、たいがい「あっ」と思うやり方が見つかります。

　学習でもそうですが、「あっ、わかった」は一瞬でストンとおち、一発で決まります。そのときは、スーパーショットを決めたスポーツ選手の心境で、ガッツポーズが出ます。星の数ほどあるやり方から、わが子に合うたった一つの方法を見つける……。

　このへんのコツは、子どもの好み（嫌いなものも）をよく知り、一緒にいる時間がだんぜん長い母親が、いちばん有利なのかもしれません。

◆発語を促そうととりくんでいる方へ

　まずは、プログラムありきです。つぎに、子どもをよく観察なさってください。どんな音が出ていますか？　どんなときに出ますか？　そして、いちばん大切なのは、やはり「学習」「行動トレーニング」「適応力を育てるトレーニング」の三本柱です。

　この３つは互いに影響します。学習が伸び悩んだら、きちんと歩けているかとか、お勉強は進むけれど問題行動が改善しないなら、適応力は育っているかなど、常にチェックが必要です。３点がきれいな三角形を描いて底上げされると、発達も促されます。

　また、発語の練習にも適期があると感じます。息子が幼稚園の年長のころ、園の好意で発語練習をしていただいたことがありますが、口パクになってしまい、止めていただきました。適応力も学習もまだまだの時期だったのです。改めてプログラムの重要性を痛感したものです。

　こうして、「ことばさえ出れば……」とあれだけ切望してきた息子が、発語に至りました。正直なところ、喜びよりむしろ、今この時期にことばが出て当然（出なければ困る）との思いです。発語は一つの通過点で、この先の膨大な概念学習のスタート地点であったのです。これから一つずつ、わが子のことばに魂を吹き込んでやらねばなりません。

第2章

家庭ではじめる
コロロメソッド

1 コロロメソッド・基本トレーニング

　家庭で療育をしたい、でも何から始めていいかわからない……。そんな方に、すぐに始められるトレーニングを紹介します。

　学習からお手伝いまで、すべての場面をトレーニングに組み込むことができます。子どもの家庭生活の全場面で、療育効果の上がるトレーニングを組み込み、有意義な日々が送れるように、家での過ごし方を考えましょう。

家庭療育のポイント

① 静と動を組み合わせる

・一定時間歩行したあとに学習を始める。

・スクワットをしたあとに正座をする。

　このように動きのある課題をしたあと、静止の課題を組み合わせると、課題への集中度が高まります。歩くときはしっかり力を出し続け、学習するときは座位を保って教材に集中する等、日常生活全般にメリハリのある生活をさせるように心がけましょう。

歩行をしたあと、家に帰ってすぐに学習にとりくむ等、動と静の課題を組み合わせるとよい。

② 視界に入るところで目的行動を促す

親が家事や自分の仕事をしなければならないときも、常に子どもが見えるところにいて、子どもには何らかの課題を与えるようにします。日ごろから親の見えないところでマイペースに遊んだり、常同行動をしたりしていると、いざ指示行動をさせようと思っても、反発を招くことがあります。

親が洗い物をしているときは、隣でお手伝いの作業をしたり、親の横で

親の見えないところでマイペースに過ごすのではなく、親の視界に入るところで目的を持った行動を促す。

立位の行動トレーニング（63ページ参照）をするなど、上手に課題を取り入れ、子どもにとって、何をしたら良いかわからない無目的な時間を作らないように心がけます。

　子どもをよい状態に保つには、常に表情を見ながら状態をチェックしておく必要があります。

歩行トレーニング

　落ち着きがなく座っていられない、集中力がないなどの原因を探ると、意識レベルが下がっている、行動リズムが乱れているということがわかります。このような状態を改善するには、意識レベルを一定に保ち、目的とする行動をし続けるためのトレーニングが必要ですが、1時間くらい歩き続けられるようになると、行動が落ち着いて着席も長く続けられるようになり、集中力が高まります。学習や作業能力が向上するため言語・概念による理解が進み、家庭でもコミュニケーションがとりやすくなり、社会生活への適応力が育っていきます。

　歩行トレーニングは、低年齢からとりくむことができるだけでなく、比較的とりくみやすく、たいへん効果的なトレーニングです。

◆ 歩行トレーニングの3つのポイント

　ただのんびりと散歩していても、効果が上がるわけではありません。

Point 1　「○○し続ける力」を習得するために

　歩行トレーニングの目的は、意識レベルを保ち、「○○し続ける力」を習得することにあります。サンダルや大きめの靴を履いてしまうと歩行中

に靴が脱げ、止まる、歩く、また止まる……の繰り返しになってしまいます。一定のリズムで淡々と歩き続けられるように、スニーカーなどの足にぴったり合った靴を履かせます。

　目標は休憩なしで「毎日1時間」歩ける意識レベル、体力を身につけることです。保護者にとっても運動不足解消、基礎体力の向上に効果があります。ぜひチャレンジしてください。

Point 2 　大人と手をつなぎ、やや速めのペースで歩く

　まず、大人と手をつないで大人のペースに合わせて歩く練習をします。歩調は、子どものペースを見て、調整していきます。ちなみに各種のトレーニングをする際には、人と一緒に行う、人の指示を聞く、人にペースを合わせることを教えます。つまり、トレーニングを通じてマイペースからユアペースに行動スタイルを変えていくように教えていきます。

Point 3 　正しい歩行スタイルを身につける

　子どもたちを歩かせてみると、すり足やつま先歩き、スキップなどが見られる場合があります。これらの原因は、原始反射（特有の刺激に対して中枢神経系が引き起こす乳幼児期の反射行動。前頭葉の発達によって消失する）が残っているために正しい歩行スタイルが確立されていないことにあります。

　子どもの靴底をチェックしてみましょう。減りが早いようならすり足で歩き、つま先だけがすれているようならつま先歩きをしているのがわかります。

　すり足もつま先歩きの原始反射の残りです。意識的に手足を動かし、ひざをしっかり使い、かかと→つま先の順で地面を踏むというふうに正しく歩くことを教えます。

また、転びやすい、段差が苦手という場合は、身体の重心バランスがくずれやすいことに原因があります。子どもが重心を自分の体内に保った状態にするためには、親と子どもとの距離を近くし、手つなぎの位置を低めにして、つなぐ手が子どもの肩より上に上がらないようにバランスをとります。

◆ 実際の歩行トレーニングの方法

　一人で歩ける子どもでも、「一定のペースで」「相手に合わせて」歩くことを教えるために、まず手をつないで1時間だまって歩く練習をしましょう。

　手をつないで歩くと大人に体重をかけて「ひっぱられ歩き」になってしまう場合は「ペッタン歩行」で歩いてみましょう。大人の背中に手をくっつけて歩きます。

①1時間以上歩き続けることを目標にする。

②一人で自由に歩くのではなく、手をつないで歩調を合わせて歩く。腕を組んだり、もたれかかったりさせない。

③一定の歩幅、一定のペースで歩く。ピョンピョン跳び、走り出し、すり足、つま先歩きなどは、なるべくさせない。つなぐ手が子どもの肩より上に上がらないように注意する。

④大人の早歩きくらいのペースがよい。

〈ペッタン歩行〉
背中に手をくっつけた状態で大人のペースに合わせて歩かせることで、ひっぱられ歩きを予防する。

case 1 歩行トレーニング◎ A くん（5歳）

お母さん 歩行が大切だと知り、さっそくやってみたのですが、外へ出て歩き始めたと思ったら、すぐ座り込んでしまい困っています。普段は多動で落ち着きがないのに、どうして歩き続けられないのでしょうか？

スタッフ 今の A くんは意識が途切れやすく、すべての行動が小刻みな状態です。多動であるのに歩行がうまくいかないのは、着席が続かない、歩き続けられない、つまり「〜し続けられない」という点で共通しています。

　歩行中に座り込んでしまうときの様子を、くわしく教えていただけますか？

お母さん はい。歩き始めて5分も経たないうちに、つないでいる手を振り払って自分の好きなほうへ行ってしまいます。私が無理に手を引くと座り込んで抵抗し、泣いてしまうこともあります。

スタッフ 座り込む前に、つないでいる手を振り払ってしまう行動は、この時

期の子どもによく見られる行動です。「手をつなぎたくない」「歩きたくない」というＡくんの意思ではなく、意識レベルが下がったときに起こる反射的な動きです。こういうときには手を振りほどかれないようにしっかりつないで歩かせ、反射をやり過ごすように対応しましょう。

お母さん　手を離そうとする力が強くて嫌がっているのだと思い、つい離してしまいました。歩行中はできるだけ手を離さないようにしてみます。

スタッフ　そうですね。反射を封じ込めるつもりで、強くしっかりと握りましょう。普段は力を少しゆるめて歩きます。意識を途切れさせないように、手をつないで歩き続ける感覚を教えることが大切です。

お母さん　歩行中、こちらもずっと気を張って歩かなければならないのですね。

スタッフ　そうですね。このような状況をうまくおさえることができれば、少しずつ手をつないで歩き続けられる時間が延びてきますよ。タイミングをつかむことが大切ですね。

　それから、道中Ａくんのこだわりにも気をつけてください。見えたものに向かって飛び出してしまう、反射的な動きも残っているかもしれません。

お母さん　そういえば、決まった看板を指さしたり、立ち止まったりすることがあります。

スタッフ　その場合も、しっかり手をつないで歩き続けることが基本です。また、歩行ルートを変えたり、お父さんと一緒に歩いてみたりするなど、いつもと少しパターンを変えてみることでスムーズにいく場合もあります。

お母さん　ためしてみます。あと一つ質問があります。家では一人遊びに夢中になってしまい、なかなか外に出ようとしません。スムーズに外に連れ出すには、どうすればいいでしょうか?

スタッフ　家庭でも、親の指示に応じられる状態(ユアペースの態勢)でいることが大切です。普段の生活を一工夫することで変わってくると思います。おもちゃで遊ぶときでも、マイペースになりすぎないように大人が介入するよう

にしましょう。

お母さん 私の声かけにもなかなか反応してくれません。どのように介入していけばよいのでしょうか?

スタッフ まずは、好きなおもちゃを大人からもらって遊ぶことから始めてみてはどうでしょう。それから、Aくんはおもちゃをおもちゃ箱に片づけることはできますか?

お母さん そうですね。遊んだあとは箱に入れるようにしています。

スタッフ それなら大人がおもちゃを渡し、箱に入れるよう促してみてください。それがスムーズにできるようなら、洗濯物をカゴに入れる、コップを台所へ置くなど、日常生活でできることを探して発展させるようにしましょう。

お母さん なるほど、生活の中にも療育的な視点を取り入れるのですね。

スタッフ はい。生活全般を通してユアペース度を高めることが、とても大切なのです。また、ずっとおなじことを繰り返すのではなく、少しずつ変化を加えることで、いっそうステップアップできます。Aくんが自然と玄関へ向かうよう、おもちゃの位置を少しずつずらし、玄関に近づけてもいいですね。

お母さん さっと靴を履かせて外へ出られそうですね。

スタッフ それから家が2階建てなら、階段を下りるときに手すりを持たせる代わりに大人が手を貸して介助してあげましょう。手をつなぐことへの抵抗感を軽減することができます。

お母さん 階段も活用できるのですね。いろいろな方法があるのがわかりました。

行動トレーニング

座っていられない、行動が途中で止まってしまうなどの原因は、原始反射が残っていたり、手足の機能が未分化だったり、意識が途切れてしまう

などにあります。行動トレーニングを行うことで意識レベルを一定に保ち、目的の行動をし続ける力を育てます。

　さきほどの歩行トレーニングも行動トレーニングの一つですが、左右の足を交互に出して歩き続ける、両足をそろえて静止する、手をひざに置いて正座する、といった単純な動作を正確に繰り返し行うことで徐々に持続力が養われていきます。

　行動トレーニングは、あらゆる指導・訓練の基礎になる共通のトレーニングです。短時間からでもよいので毎日、行動トレーニングを行ってください。

◆ 行動トレーニング３つのポイント

Point 1 時間・回数を決めて行う

　行動トレーニングは「量より質」です。はじめは数秒という短い時間でも構いませんから、必ず正しい姿勢で行いましょう。

Point 2 はじめと終わりは大人が決める

　自分勝手に始めたり、指示をされる前に止めたりしないようにします。

Point 3 目標は具体的に決める

　「『手はおひざ』にして、座布団の上で３分間正座」「片手をつないで踏み台昇降を100回（高さ20cmの台）」など、具体的な目標を持ってとりくみます。時間つぶしのように何となくやらせていると、意識レベルが下降していきますので、効果が上がりません。

① 正座トレーニング

　足裏の原始反射を抑制し、重心を自分の身体の中に保持することを教える際に、もっとも効果的なのが正座です。「手はおひざ」で顔は正面に向け、背筋を伸ばして肩の力を抜いた姿勢の持続を目指します。

【目標】大人と対面して 10 〜 20 分

❶正座をさせるコツはモデルを示し接触しすぎないことです。座ってくれないからといって、絶対におさえつけるようにしてはいけません。子どもの身体に接触する場合は瞬間的に行い、すぐに離れます。子どもと対面して座り、正座のモデルになります。

❷身体を屈曲させたり（前のめり）、手を床につけたりせず、重心を身体の真ん中に保持します。

❸床の上だと足がくずれてしまう場合は、丸イスや踏み台の上に座らせてみます。座る場所を特定するのは、動いてはいけないことを視覚的に示すためです。このことによって、持続時間を伸ばすことができます。

❹手の常同行動がひんぱんに見られる場合は、肩や手、頭などの動く部分にお手玉などをのせ、落とさないように意識させると、身体の動きが止まりやすくなります。

大人は子どもと対面して座り、モデルになる。　身体を屈曲させたり、手を床につけたりせず、重心を身体の真ん中に保持する。

② 立位トレーニング

一定の場所で動かずに、一定時間立っていられることを目指します。

【目標】大人と対面して 10 ～ 20 分

❶ 20 ～ 30cm の高さの台やイスの上に立たせると緊張感が高まり、姿勢よく立ち続けることができます。台の上で立位が持続できるようになったら、床に足型を書いた台紙を置き、その上に立っていられるようにします。

❷ 1 か所に立っていられるようになったら、両足だけでなく、手や首などの細かい動きもしっかり止められるようにします。

❸ 手の常同行動を止めるには、両手に重み（500ml のペットボトルがちょうどよい重さ）のある袋を持ったり、脇の下に紙を挟んで、落とさないよう意識させるとよいでしょう。

❹ 首の常同行動を止めるには、頭や肩の上にお手玉などをのせて落とさないようにします。

20 ～ 30cm の高さの台やイスの上に立つ。

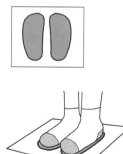

足型を書いた台紙を床に置き、その上に立つようにするとわかりやすくなる。

③ 腕立てトレーニング

腕立て伏せではありません。腕や腹筋を緊張させた状態（力を出し続けた状態）で、静止し続けるトレーニングです。

【目標】上体と床が並行になるようにして 5 ～ 10 分

❶身長に合わせて、30 ～ 50cm くらいの高さのイスまたはテーブルに足をのせます。

❷腕は肩幅に広げて身体を支えます。腕はまっすぐに伸ばし、足は自然に閉じた状態を持続できるようにします。

❸顔は真下を向いているのではなく、少しだけあごを上げた状態にします。手が逆手にならないように気をつけます。

腕は肩幅に広げて床にまっすぐ伸ばし、足は自然に閉じる。手が逆手にならないようにする。

④ スクワットトレーニング

　手を頭にのせて、かかとを浮かさないように屈伸運動を行います。多動な子どもや、足裏の原始反射が出やすい子どもには非常に有効です。

　連続した屈伸運動は、起立した姿勢としゃがんだ姿勢を交互に切り替えなければなりません。

【目標】一人で 50 〜 100 回できること

❶しゃがんだときに、上体が前傾してしまうことが多いので、床に対して上体を垂直に保つようにします。

❷はじめは、大人と両手をつなぎ、しゃがむ ⟷ 立つの姿勢の切り替えの際は勢いをつけて行います。

❸反射が強い子どもでは、しゃがんだときにかかとが浮いてしまいます。

❹足裏に重心をかけ、ゆっくり屈伸することで反射を抑制します。

❺しゃがむ ⟷ 立つのスクワットのスピードは大人のカウントで指示しますが、適度な速さで、しっかりとしゃがむ・立つの運動を続けられるようにします。

しゃがむ⟷立つを適度な速さで行い、それぞれの姿勢にも気をつける。

⑤ 踏み台昇降トレーニング

重心バランスの保持と一定のリズムを繰り返す持続力の習得を目的としたトレーニングです。大人のカウントでテンポを指示します。

【目標】一定のリズムで 50 〜 100 回続けること

❶右足、左足という順で踏み台の上に上がり、右足、左足という順でテンポよく下ります。

❷右足➡左足の昇降が交互にできない場合は、大人が手をつなぎ、右足、左足の声をかけて介助してみましょう。

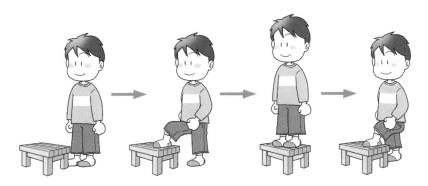

右足、左足の順で上がったら、おりるときも右足、左足の順になるようにする。

⑥ 腹筋トレーニング

下腹部に意識的に力を入れて上体を起こすトレーニングです。

腹筋を鍛えることは排泄リズムを整えることにもつながります。歩行トレーニングや踏み台昇降と併せて行うと効果が上がります。

【目標】自分の力で 10 ～ 30 回

❶はじめはひざを曲げた姿勢で仰向けになります。ひざを伸ばしたままで、起き上がることはむずかしいので、この姿勢からスタートしましょう。

❷一人で起き上がれない場合は、筒状のものを持たせ、大人が筒を軽く引いて、起き上がらせます。

❸腹筋に力を入れて、起き上がる感覚を体験させることがポイントです（筒にぶら下げてはいけません）。

一人で起き上がれない場合は、筒状のものを
使って介助する。

腹筋に力を入れられるようになったら、一人で
起き上がる練習をする。

⑦ 台所で簡単静止トレーニング

集中力を高めたり、おなじ姿勢を維持する力や、常同行動を止めるトレーニングです。身の回りにある道具を活用してください。

❶お玉と卵のトレーニング

お玉に卵をのせて落とさずに立ちます。生卵だと緊張感が高まります。

❷お盆とコップのトレーニング

水をたっぷり入れたコップをお盆にのせ、こぼさないように立ち続けます。

❶お玉と卵のトレーニング

❷お盆とコップのトレーニング

case 2　行動トレーニング◎Bくん（5歳）

　机に前にして課題を見ると、姿勢がくずれて「いや〜」と声を上げてしまっていたBくんも、タイミングのよいお母さんの介助で徐々に着席して課題をこなす時間が延びてきました。

　コイン入れなどの作業教材、弁別などの学習教材が次々と目の前に出されれば、20分くらい座っていられるようになりました。

　ところが、いざ行動トレーニングをしようとするとたいへんです。「3分間、お母さんと対面して正座をしましょう」という宿題もなかなか達成できず、すぐに足がくずれてしまったり、立ち上がって部屋から出ていこうとしたりします。そこで困ったお母さんは……。

　お母さん　先月の宿題は3分間正座をするということだったのですが、なかなかできません。学習や作業をしているときはいいのですが、対面して正座するのはなかなかうまくいかなくて……。

　スタッフ　はじめは、何もないところでただ正座をするのは、むずかしいかもしれませんね。今は、どういうところで正座のトレーニングをしているのですか？

　お母さん　学習とおなじ部屋で、机を片づけて床に座っています。私は対面しているのですが、すぐに立ち上がろうとするので肩をおさえてみるのですが、嫌がるんです。

　スタッフ　そういうときは、位置を決めてあげるといいですよ。低めの台の上とか、丸イスの上などに座らせてみてください。そこから下りてはいけないと指示すると、わかりやすいですよ。

　はじめのうちは対面し座ったときにシャボン玉を飛ばしたり、絵カードなどの視覚教材を示して、意識を集中させます。徐々に視覚教材がなくても、座って

いられる時間を延ばしていきましょう。

お母さん なるほど、わかりました。工夫してやってみます。

スタッフ 短い時間でも、正しい姿勢を保つことが大切です。足がくずれたり、手を床についたりした状態で長く正座しても、効果はありません。姿勢がくずれてしまう前に、つぎのプログラムに移るようにしましょう。お母さんの「きちんと姿勢を保たせよう」という気持ちも大切です。

◆お母さんが行った工夫

① Bくんとお母さんは家の近くでバスを降りると、そのまま1時間の歩行トレーニングを行いました。持続力をつけるトレーニングです。家に着くとすぐにリビングへ直行。座る位置がわかるように、座布団を2枚向かい合わせにセットしておきました。

②対面して正座しますが、座布団の布を触ってしまい、なかなか「手はおひざ」ができません。

③そこで踏み台を使うことにしました。40センチほどの高さの台ですが、Bくんのお尻をのせるのにちょうどいい大きさです。

④ Bくんは台の上、お母さんは対面して正座をします。緊張感があり、Bくんも「手はおひざ」ができました。

⑤ 30秒ほど経つと、手がもぞもぞ動いてきました。お母さんはシャボン玉を取り出し、さっとひと吹き。Bくんはシャボン玉を見つめ、手の動きが止まりました。

⑥つぎにお母さんは、絵本を取り出しました。Bくんの好きな歌を歌いながらページをめくります。

⑦絵本が終わると、Bくんは手を台の上についてしまいました。そこでお母さんはさっと手をひざに戻し、自分も「手はおひざ」にし、モデルを見せます。

⑧ 30秒ほどで、また手が動き出したので、机を出し、コイン入れの作業に切

り替えました。その後はいくつかの作業や学習課題を行い、合計で 40 分間座っていることができました。

お母さん 視覚教材を使って少しずつ正座ができるようになってきましたが、つぎのステップはどうしたらいいでしょうか?

スタッフ 徐々に視覚教材を減らしていきたいですね。視覚教材を見たあと、手が止まっているときに、お母さんが声を出してカウントしてあげたらどうでしょう? カウントに合わせて、正座することができるようになると思います。

手作業トレーニング

　自閉症児は一つの行動が続きにくい傾向がありますが、淡々と手作業をすることで小刻みな行動リズムが一定のリズムになり、行動が落ち着きます。

　また、手作業は目で見て手を動かすという「目と手の協応動作」です。右手と左手にそれぞれの役目を与えることで、主要手（利き手）と補助手の確立を促し、左右手の分化も促します。

◆ 手作業トレーニングの 4 つのポイント

Point 1 まずは主要手（利き手）を正しく使えるようにする

　もう一方の手（補助手）が動いてしまうときは、軽くおさえてもよいでしょう。主要手を決め徹底して主要手を使わせることが、左右の手の分化、主要手の確立につながります。そのあとで、補助手の使い方をパターニングします。

Point 2 一つひとつ手渡す

　ビーズやコインなどをまとめて見せると、何個もつかんでしまうことがあるので、はじめは一つひとつ手渡しします。

Point 3 スモールステップで、正しい手の使い方を教える

　テンポよくできるようになったら、徐々に介助を減らし、一人でできるようになるまでていねいに進めます。さまざまな手の使い方がありますが、目標を設定し、一つずつ練習させましょう。

Point 4 パターンくずしとステップアップを試みる

　いろいろな手作業ができるようになったら、作業内容を細かくしたり、工程を増やしたり、新しいことを教えたりするなどパターンくずしとステップアップをはかります。何度もおなじことをしていると、手の感覚だけで作業ができてしまい、目を使わなくなりますから、作業の内容をこまめに変えていきます。

① リング・ビーズ通し

　はじめは、ペグさしやリングさしなど固定された棒に、リングなど大きめの穴のあいたものを通すことから練習します。

❶リングの穴に棒やひもを通すことを
指示します。手本を見せるのもよい
でしょう。

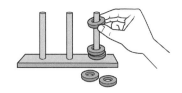

はじめは持ちやすく穴に通しやすいサイ
ズのものをえらぶ。

❷主要手にビーズを、補助手にひもを
持って通します。ビーズは穴が大き
くて持ちやすいものを選びます。ひ
もを通すのがむずかしい子どもには、
ひもの先に割り箸などをつけると通
しやすくなります。

ひもを通すのがむずかしい子どもには、
ひもの先に割り箸などをつけてあげると
よい。

❸ひもを通せるようになったら、ひも
とリングを持つ手を変えて、練習を
繰り返します。

❹上手にできるようになったら、ビー
ズを小さくします。ビーズが小さく
なればなるほど穴に通すのもむずか
しくなり、ビーズを「つまむ」とい
う手指の動きを意識して行うように
なります。細長いビーズやフェルト
など形や質感の違うものでもやって
みましょう。

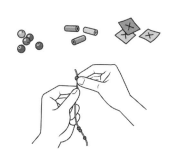

基本の動きができるようになったら細か
いビーズや質感の異なるものへステップ
アップする。

② 洗濯バサミ留め・はずし

❶ 留めてある洗濯バサミを取ることか
ら始めます。
空き箱の縁に洗濯バサミを数個留め
ておきます。その洗濯バサミを取る
ことで「つまむ」という動作を覚え
ます。

❷ つぎは、洗濯バサミで挟む練習をし
ます。
洗濯バサミを持たせ、うまくつまめ
て開いたときに、厚紙や空き箱に挟
ませるよう介助し、徐々に自分で厚
紙に挟んでいくようにします。
はじめは、あまり力を入れなくても
開けるような木製の洗濯バサミを使
うのも一つの方法です。できるよう
になったら、主要手に洗濯バサミを、
補助手に厚紙を持って挟む練習をし
ます。

❸ 洗濯バサミの使い方がわかったら、
手前から挟むだけでなく、いろいろ
な向きから挟めるようにします。大
きめの厚紙を用意し、厚紙を動かさ
ずに四辺に留めます。

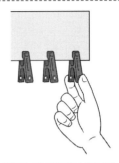

留めてある洗濯バサミを取るところから
練習する。

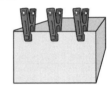

厚紙や空き箱に洗濯バサミを挟む練習
に入る。

できるようになったら主要手に洗濯バサ
ミ、補助手に厚紙を持って挟む練習を
する。

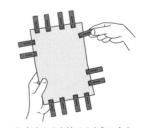

いろいろな方向からも挟めるようにする。

❹最後は、洗濯ハンガーに挑戦です。
はじめのうちは、厚紙を挟む練習を
したあとで、靴下などの小さいもの
へ移行するとよいでしょう。

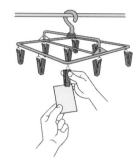

洗濯ハンガーの練習は厚紙を挟むことか
らはじめて徐々にいろいろな物を挟める
ようにする。

③ 手の動きを高める8つのトレーニング

❶〈回す・ひねる〉トレーニング
手動の鉛筆削りで手首を回すことを
覚えます。またペットボトルのふた、
しょうゆさしのふた、ねじ回しと、
小さいもので指先でつまんで回す練
習をします。

回す・ひねる：ペットボトルのふたを開
閉する。

❷〈ねじる〉トレーニング
まず、棒をタテにして手でおさえ、
左右反対方向に手を回す練習をしま
す。矢印などで方向を示すとわかり
やすいでしょう。ぞうきんをしぼる
ときに、この動作は欠かせませんの
で身につけさせましょう。

ねじる：棒をタテにして手でおさえ、左
右反対方向に回す。

❸〈ひっぱる〉トレーニング

鉛筆キャップを取ります。主要手で
キャップ部分を持ち、補助手で鉛筆
を持ち、キャップをひっぱります。
お手本を示して、動きを見せるとわ
かりやすいでしょう。

ひっぱる：鉛筆のキャップを取る。

❹〈押す〉トレーニング

マス目にスタンプを押します。手
を上から下へと動かして力を入れ
ます。穴にビーズをはめ込むのも、
「押す」を練習するにはよいでしょ
う。洋服のスナップボタン留めも自
分でやらせてみましょう。

押す：マス目にスタンプを押す。

❺〈貼る〉トレーニング

シールやセロハンテープを台紙に手
で貼っていきます。

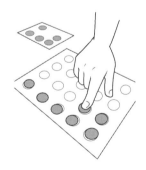

貼る：シールやテープを台紙に貼ってい
く。

❻〈つまむ〉トレーニング

トレイの中にピンセットやお箸を使
って、小さく切ったスポンジや豆を
つまんで入れます。

つまむ：ピンセットやお箸を使って、小
さく切ったスポンジや豆をつまんで入れ
る。

❼〈穴通し〉トレーニング

穴があいた単語カードをリングやフ
ァイルにとじ込みます。

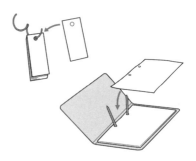

穴通し：穴があいたカードをリングや
ファイルに閉じ込む。

❽〈道具を使う〉トレーニング

はさみ、のり（スティックタイプ）、
定規、セロハンテープ、ホチキスな
どの道具を使います。紙を切ったり、
紙に貼ったり、定規で線を書くなど
さまざまな手の働きを高める作業が
あります。

道具を使う：身近にある文房具の使い
方を練習する。

④ 作業トレーニングの便利グッズ

❶バネつきばさみ

バネの力で握る・開くが容易にできます。

幼児向けのはさみとして市販されている。できるようになったらバネのないはさみへと移行する。

❷つまむ手袋

指でつまむことを補助する手袋。親指と人さし指を半分くらいの箇所で切り取る。中指、人さし指、薬指の部分にはマジックテープを付けておくと折り曲げる形が容易になる。

つまむ手袋
人さし指だけ切り取ると、人さし指の練習に使える。

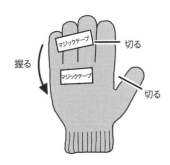

中指、人さし指、薬指の部分がマジックテープでくっつくようになっているので握ることがわかりやすい。

箸の持ち方

　お箸がちゃんと持てない、それらしく持っていてもうまくものを挟めない、という子がいます。「うちの子はいくら教えてもダメだ、お箸は無理だ」などと、あきらめてはいませんか。毎日使うものですから、もう一度トライしてみましょう。

　図を見てください。右手の人さし指と中指の先を輪ゴムで軽く留めます。その輪ゴムの中側に、1本のお箸を通して手に固定します①。つぎに、もう1本のお箸を薬指の先に軽くのせます②。

①　　　　　　　　　　　　　　　　②

　練習用に消しゴムを5～6mm角に切ったものを20～30個と、紙コップか、プリンやヨーグルトの空き容器を用意します。お箸で消しゴムを挟んで、コップの中に入れます。

　消しゴムは適度の粘りがあり、軽くて挟みやすいので、上手に挟めるようになったら、ガラスのおはじきや豆などに切り替えます。

　うまくいかなくても、最低20～30回はやらせてみてください。あきらめないことです。

　通常、4歳くらいからお箸の持ち方を練習しますが、箸を使うことで左右の手の分化と指の分化を促すことを目標にしています。箸だけでなく鉛筆、はさみ、のりなどの道具類を使う練習も手指の発達を促します。

便利グッズを使ってお手伝いトレーニング

お手伝いは、ぜひ子どもにさせたい家庭課題です。学習の開始と同様、時期を待つのではなく、できることから始めてステップアップをはかっていきましょう。まだ無理と思わないでください。

補助板でタオルたたみ

大人が、まず見本を見せます。それを見ておなじようにすることを指示します。

一つ折り、二つ折りはできても、三つ折りめの横方向に半分に折る動作ができないことがあります。そんなときは、折りたたみ補助板を使ってください。

❶二つ折りにしたタオルの半分のサイズに切った厚紙を用意する。

❷それをタオルにのせて折る。

❸厚紙を抜く。

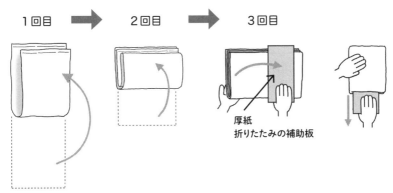

1回目　　2回目　　3回目

厚紙
折りたたみの補助板

3回目の三つ折りから折り向きが変わるのでできないことも多い。そんなときには「折りたたみ補助板」で正しい動作をパターニングする。タオルの半分のサイズに厚紙を切り、それをタオルにのせて折って厚紙を抜く。

この補助具で動作をパターン化すると、補助板なしでも最後までたためるようになりました。この補助板の製作時間は、ほんの数秒です。子どもの動作をよく観察して、つまずく箇所を補う補助具を考案してみましょう。すべてはアイデア次第です。

---

case 3　お手伝い◎Cくん（5歳）

　お母さん　着席して作業や学習にとりくんだり、正座したりすることも少しずつできるようになってきました。でも、それが終わると家の中を走り回ったり、寝転んだり……。気をつけて見てはいるつもりなのですが、私が家事をする間など、目が届かなくて困っています。

　スタッフ　一度、家庭でのスケジュールを書き出して整理してみるといいですよ。どの時間に、何をさせたらいいかわかりやすくなると思います。

　そこで、お母さんは幼稚園から帰ったあとの生活の流れをまとめて、スタッフに見せてくれました。

14:00	園のバスを降りて、家まで歩行トレーニング
15:00	家に帰りリビングへ 踏み台の上で対座して正座トレーニング
15:15	学習（母と対面してカード弁別、線引き、コイン入れなど）
16:00	兄が帰宅 おやつを食べ、兄は宿題をする
17:30	夕食の準備
18:30	夕食（母が対面して、一口ずつ食べさせる）
19:00	片づけ、自由時間
20:00	入浴（兄と一緒にお風呂に入る）、歯みがき
20:50	消灯

スタッフ Cくんが走り回ってしまうのは、お兄ちゃんの宿題の時間や夕食の準備のときですか？

お母さん そうです。お兄ちゃんも、気が散ってしまい困っています。夕食の準備などの間も手が離せないときは、こだわりのおもちゃを持ったまま寝転んだりしています。

スタッフ お兄ちゃんの宿題の間は、Cくんも隣に座ってビーズ通しなどの手作業をさせてみたらいかがですか？　並んで座っていれば、お母さんも2人一緒に見ていることができますよね。

お母さん なるほど、そうですね。夕食の準備のときも、何か手伝わせたりしたほうがいいでしょうか？

スタッフ 食器を運ぶなどの簡単なお手伝いをさせるとよいと思います。むずかしい作業の場合は、親の横でおなべを持たせてみるのもいいでしょう。料理の工程を見ているだけでも楽しいものですよ。

　夕食後のテレビの時間は、姿勢に気をつけましょう。イスに座ったら足が床にきちんとつくようにして、ここでテレビを見るのだということを伝えます。姿勢

を正すだけでも意識レベルを高く保つことができます。おもちゃで遊ぶときも寝転んでいるのではなく、机の上で遊ぶようにしましょう。

お母さん わかりました。つきっきりで見てあげられないときでも、姿勢や遊び方に注意します。お兄ちゃんやお父さんにも、協力してもらうようにします。

スタッフ コロロのトレーニングは、どの家庭でもとりくめるよう「畳1畳でできるトレーニング」という視点で考案されたものです。親がいて、きょうだいがいて、一つ屋根の下で生活する中にトレーニングの要素をちりばめていけばいいのです。

　無理なく、無駄なく、家庭での生活を療育の場にできるように工夫していきたいですね。

学習態勢づくり

　学習を行うには、まず学習態勢をつくる必要があります。床に寝そべっていたり、家の中を駆け回ったりしていては学習できません。

　よい学習態勢とは、正しい着席姿勢を保つ、指導者と対面して座る、机上教材の注視ができることです。

　よい姿勢を保持し、学習時に指示に応じられる態度を身につけるには、歩行トレーニングが有効です。学習態勢に入る前に歩行トレーニングを取り入れ、行動リズムを整えるとよいでしょう。

　①着席したら、はじめは簡単な課題を行います。

　②好きな視覚教材（シャボン玉やコマなど）を見せるなどして、座ってものを見るという姿勢をつくります。

　学習態勢を整えることが、スムーズに学習にとりくめる条件です。

① 弁別学習

初期学習の重点課題は「弁別学習」です。弁別学習のねらいは、違いを見分ける力を伸ばすこと、目と手の協応動作（教材を見てから手を動かす動作）を身につけることです。

❶ビー玉や鉛筆、洗濯バサミなど、持つ→放すの動作がしやすい素材を選び、10個連続で容器に入れられるように練習します。教材を持つ、容器に入れるという動作を、一定時間テンポよく続けます。このとき、教材で遊び始めることのないように、子どもに一つずつ手渡します。

❷入口の広い容器だと、手の中に握り込んでうまく入れられない場合があるので、はじめはビンやペットボトル、細長いコップなどがよいでしょう。

❸早めのテンポで連続して容器に入れることができたら、2種類の教材を、それぞれの容器に入れ分けます。たとえば、ビー玉はペットボトルに、鉛筆は細長い透明コップにというように、教材を見て容器に入れ分けるようにします。

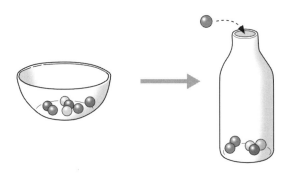

入口の広い容器だと教材を握り込んでうまく入れられない場合は、入口の狭いビンかペットボトルを使うと入れやすくなる。

早めのテンポで1種類の教材を入れることができたら、つぎは2種類の教材をそれぞれの
容器に入れ分ける。

❹はじめの２〜３個はモデルとしてあらかじめ容器に入れておき、大人
　がいくつか入れ分けをして見せてから、子どもに教材を渡します。
　１種類の教材をただ容器に入れる作業から、いくつかの入れ分けの課題
　になると戸惑うかもしれません。そのようなときは、容器を指さしたり、
　入れやすいところへ動かしたりする介助をします。
　初期学習では正解パターン（成功パターン）を体得することが大切です
　から、間違いをさせないように配慮します。間違いをしそうな場合は、
　早めにヒントを与え、徐々にヒントを減らしていきます。少しずつ個数
　を増やし、持続力をつけることもポイントです。
❺２種類の入れ分けができるようになったら、おなじ形の容器に３種類、
　４種類の教材を入れ分けさせます。これは教材のみに注目させ、判断さ
　せるためです。
❻おなじ形の容器での弁別がむずかしい場合は、異なる形の容器にそれぞ
　れの教材を入れ分けさせます。
❼弁別力が高まったところで、おなじ形の容器にするというようにステッ
　プを踏みます。

■弁別学習ステップアップの例

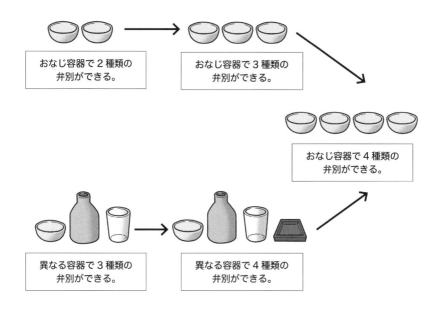

おなじ容器で２種類の
弁別ができる。

おなじ容器で３種類の
弁別ができる。

おなじ容器で４種類の
弁別ができる。

異なる容器で３種類の
弁別ができる。

異なる容器で４種類の
弁別ができる。

② カードマッチングトレーニング

　弁別学習のつぎはカードマッチングです。マッチングへの移行を目標に、弁別学習の後半には、教材にカードを取り入れます。これまでのビー玉や鉛筆などの実物教材に、カードを混ぜて弁別を行います。はじめは実物２種とカード１種の入れ分けを行い、徐々に実物の種類を減らし、カードの種類を増やします。

　カードの弁別は絵柄だけで違いを判断する必要があり、はじめはうまくいかない場合があります。カードを手の中に握り込んでしまって、つかむ・離す動作がスムーズにできないこともありますので、カードの質感を変えたり、大きさを変えたりして違いをはっきりさせ、カードの扱いに慣れるようにさせましょう。

| 小さいカード | 大きいカード | 厚みのあるカード | 細長いカード |

　カードのみでの弁別ができるようになったら、いよいよカードマッチングに移行です。カードマッチングは、コロロの概念学習の基礎になるトレーニングです。机の上におなじカードを対になるように並べます。おなじカードを重ねてしまうと、お・な・じ・ということがわからなくなってしまいますので、重ねずに並べることがポイントです。あらかじめカードを平面に並べて置くという練習をします。

　すぐにこのカードマッチングへの移行がむずかしい場合は以下の手順で練習してみましょう。

❶平らなお皿におなじカードを弁別させます。

❷つぎは台紙の上におなじカードを弁別させます。このときはカードがきれいに並んでいなくてもよしとします。

❸台紙の幅を狭くして、１列に並べるようにします。

❹台紙の長さを短くし、２枚１組のマッチングの形を完成させます。

　マッチングトレーニングのはじめの頃は、枠を記入したシートなどを利用してもいいでしょう。

❺おなじカードのマッチングができるようになったら、カードの種類を増やしたり、絵柄の違いを目立たなくしたりするなど、ステップアップしていきます。

 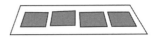

❶平らなお皿に弁別する。

❷❸台紙の上に弁別する（徐々に台紙の幅を狭くする）。

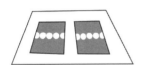 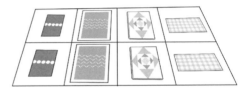

❹-1 台紙の長さを短くし、2 枚1組のマッチングの形にする。

❹-2 マッチングの初めの頃は枠を記入したシートを利用してもよい。

③ めいろ・線つなぎ

　初期学習には「めいろ・線つなぎ」などがあります。ペンが持てるようになり、線が描けるようになったら、弁別学習と並行して「めいろ・線つなぎ」トレーニングにもとりくみましょう。

❶はじめは握りやすく、自分の書いた線が見やすいように太いマジックペンを使います。ペンの持ち方が上手になってきたら、サインペン・鉛筆へと移行しましょう。

❷紙が小さすぎても、大きすぎても、うまく線を引くことはできません。子どものレベルに合わせて、紙の大きさを工夫しましょう。

■初期段階の学習の教材例

型抜きめいろ

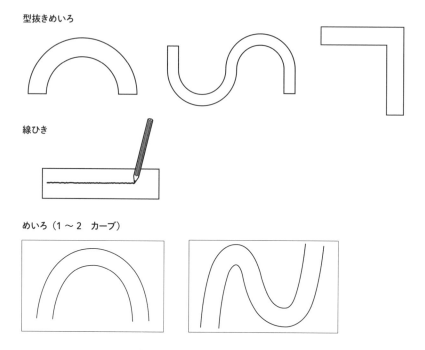

線ひき

めいろ（1 ～ 2　カーブ）

鉛筆の持ち方

　かなり小さい字が書ける子どもでも、きちんと筆記具が持てないということはめずらしくありません。お箸の持ち方と同様、自然に直るものではありませんから、時期を見て正しく持つ練習をする必要があります。

◆持ち方を直す時期

　練習を開始する時期ですが、文字を書くこと自体が子どもにとって苦でなくなったころが適当です。とはいっても、指の機能分化は10歳を過ぎるとむずかしくなりますから、早いほうがよいでしょう。少なくとも6～8歳までに正しい持ち方を習得させたいものです。

◆練習方法

　いちばん手っ取り早いのは、持ち方の「型」をつくってあげることです。練習を始めてしばらくは、慣れ親しんだ持ち方に戻そうとしてしまいますから、補助具を使って正しい「型」で鉛筆を持たせて文字を書かせることも一つの方法ですし、3本指で持ったほうが持ちやすい三角鉛筆を使わせるのも有効です。

　やさしい文字や図形から書かせると、子どもはそんなに嫌がりません。大人がそばにいないときは、筆記具を持たせないようにしましょう。せっかく練習をしても、勝手に握ることが多いと直らなのです。

◆スピードコントロール

　字を書いている子どもの手の側面を思い出してください。サインペンで書いていたころは1文字の大きさが大きかったので、手の側面は紙から浮いていました。そのま

まの持ち方が続いていれば、鉛筆で小さい文字を書くようになっても手の側面が浮いているのではないでしょうか。これも、肘と手首が未分化な状態であることを表しています。

　書くスピードはどうですか。せっかくですから、ゆっくりきれいに書くことを目標としましょう。

　鉛筆書きに慣れると、書くスピードがどんどん速くなってしまう子どもがいます。速くなればなるだけ動きがコントロールしにくくなりますから、字もきたなくなってしまいますし、マスからはみ出してしまいます。

　鉛筆の持ち方の「型」が安定してきたら、手の側面を紙につけて、手首から先を動かして書く練習も始めてください。

　手の側面を紙につけるのが非常にむずかしく、書くスピードが速すぎるという場合には、鉛筆を持つ手の甲に消しゴムをのせ、落とさないようにゆっくり書かせるという方法もありますので、試してみてください。

◆筆圧のコントロール

　鉛筆は筆圧によって線の濃さが違ってきます。鉛筆の芯を折ってしまうようなら、よけいな力が入っている証拠です。シャープペンシルの芯を長めに出し、力を入れたらすぐに折れてしまうようにしておいて、折らないように書く練習をするとよいでしょう。

　芯をしょっちゅう折っている場合は、「こだわり」になっていることも考えられますので、一度折る直前を捉えて注意してみましょう。折ったあとに注意しても逆効果になることがあります。逆に、筆圧が弱すぎて読みにくい場合は、4B などの芯のやわらかい鉛筆を持たせ、力を入れて書くことを教えます。

手の甲を上にして消しゴムをのせてスピードコントロール。

シャープペンシルの芯を長めに出して筆圧のコントロール。

第3章

家庭療育で「生活力」をつける

1 排泄・入浴・歯みがきなどの正しい身辺動作を身につける

　自閉症児は、定型発達の子どものように自然に生活動作が身につく、ということを期待することはむずかしいでしょう。

　日常生活のために必要な生活動作をスモールステップを踏んで、繰り返し教えていく必要があります。

　排泄、入浴、歯みがき、食事、受診などは生活の中で不可欠な動作ですから、一つひとつ身につけさせていきましょう。

排泄のパターンを身につける

　排泄の自立は身辺動作のうちでも特に重要なものです。できるだけ早期にとりくみ、正しい排泄パターンを身につけるようにさせましょう。また、排泄は自立していても、マナーを意識した行動を考えると、課題はたくさんあります。

　たとえば「尿をためておく→排泄する」のリズムがくずれてしまった例や、家のトイレでしか排泄できない例、ズボンを下までおろさないと排泄できない男の子の例などです。

① ズボンを下までおろさずに排泄する

　ズボンのファスナーを開けて用を足すという動作がむずかしい子どもには、つぎのような方法があります。

❶パンツの前あきに切り込みを入れて、あきを大きくします。

❷シャツやトレーナーの下にサスペンダーをさせ、自分でははずせないようにします。

❸「おしっこ」と言うときは必ず大人がついて行き、きちんとファスナーを開けておしっこをしているか確認します。

❹このとき、子どものお腹に注意します。お腹を引っ込めて前かがみの姿勢になっている場合はうまくできません。お腹を前へ突き出すような姿勢に直してあげると、うまくいくはずです。

② トイレのマナーを教える

　トイレットペーパーを適量取ることができない、紙がなくなったときや便器を汚してもそのままにしている、トイレのスリッパをそろえていないなど、マナーを意識できないようでは、まだまだ本当の自立とは言えません。社会に出ても恥ずかしくないようマナーを身につけさせたいところですが、そのつど意識させたいことを声かけで促すだけではマナーの定着はむずかしいものです。文字を使ってプリント学習を並行して行うことが効果的です。

❶実際場面で「スリッパをそろえます」のように、気をつけるべき行動を言語化させます。

❷「トイレで気をつけること」「紙がなくなってしまったらどうしますか」など、起こりうることを想定した質問をプリントにより出題して対応法を考えさせます。

❸さらに、とりくんだ課題プリントをトイレのドアに貼り、トイレに入る前に読ませて意識させます。意識できるようになってきたら、課題プリントの回答部分は隠し、本人に考えさせるなど最終的にはプリントが貼っていなくても意識できるようにステップアップしていきましょう。

　声かけで促すだけでは定着しにくいマナーの習得も、学習課題としてと

りくめば成果を上げることができますから、いろいろな場面で応用してみてください。

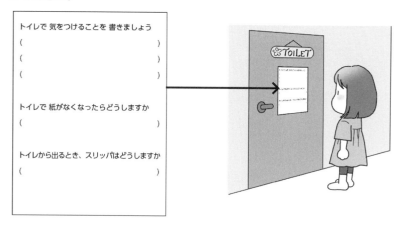

プリント学習で、トイレでのマナーを学習させ、それをトイレのドアに貼っておき意識しやすいようにする。

---

case 4 　排泄の自立◎ Oくん（小学校1年生）

　幼児期にトイレトレーニングに成功し、オムツをはずすことができたのですが、睡眠リズムの乱れから短い間隔で少量ずつ尿を漏らすようになってしまいました。さらに、家や学校でもパットをあてて対応していたため、トイレでは排尿せず、パットに漏らすことがパターン化してしまったのです。

　そこでまず、睡眠リズムを整えるため日中の活動量（歩行量）を増やすことに力を入れました。活動量が多いと夜に熟睡することができ、その間尿を溜める膀胱の機能が高まります。また、Oくんのように尿を一定時間溜められない、排尿が数秒おきに止まってしまうなどの排泄の乱れは、行動リズムが小刻みであることが原因です。

このような行動リズムを整えるには、一定の速度で歩き続ける歩行トレーニングがとても有効なのです。さらに、スクワットや腹筋といった下肢の筋力を鍛えるトレーニングを並行して行うと、より効果的です。

　パットにたよらずトイレで排尿する正しいパターンを身につけさせるため、思い切ってパットをはずし、Oくんの水分摂取量と排泄間隔・尿量を表につけて把握することにしました。定時排泄がうまくいっていたときは、声かけでトイレに行くよう促すだけで、尿量までは気にしていなかったのですが、排尿中に様子を見ていると、少しだけ尿を出すとすぐにパンツを上げてしまい、最後まで尿を出し切らないでトイレから出てくることがわかりました。

　そこで、担任の先生にも協力していただいて、学校でも排泄表をつけることにしました。その結果、水分を多く摂取した食後は排泄間隔が1時間、それ以外のときは1時間半は溜められる見通しが立つようになりました。そして、少量しか出ないときは、再度排尿スタイルをとらせ「シー」と声かけで促して最後まで出し切り、1時間半間隔の定時排泄で失敗することなく過ごせるようになったのです。

　今後は排尿間隔を伸ばすとともに、尿意を感じたときに自分からトイレ要求ができるようになることが目標です。まだ発語がないため、排泄時には便器の前でトントンとお腹を叩くトイレサインを出させ、排泄行動と動作のマッチングができるようにしています。

case 5　家のトイレでしかできない◎ Mくん（5歳）

　家のトイレでは、一人でズボンを下ろして立って排尿することができますが、場所へのこだわりがあり、家以外のトイレには強い抵抗感があるため、便器

の前に立つどころか入ることもできません。

　そこで、排泄の時間を見計らってスーパーや公園、駅など場所を変え、トイレに連れて行きました。しかし、同様の反応でしたので、近くの公園に場所をしぼりました。

　①まず、公衆トイレの周辺を歩く→中に入るが用は足さず、すぐに出る→5カウントしたら外に出る、というようなステップを踏み、トイレへの反発が出ない程度に、場所に慣れる練習から始めました。

　②反発なく30カウントトイレ内にいられるようになったところで、すばやくズボンを下ろし便器の前に立たせたところ、みごと排尿に成功しました。

　③それから1カ月間、いろいろな場所のトイレに連れて行き、カウントしながら場所へのこだわりをくずしていきました。今では、カウントしなくても公共のトイレに行けるようになり、安心して外出できる場所が増えました。

---

case 6　排尿スタイルの改善◎Tくん（小学校4年生）

　Tくんはズボンとパンツをひざまで下ろし、お尻を出した姿勢で排尿しています。そこで、今後のことを考えて排尿スタイルの改善にチャレンジしました。

　①まず、練習用パンツ（穴のあたりは布が2枚になっていることに着目し、内側の布を切ってウエストにひもを通したもの）を作りました。

　②はじめのころは、トイレに入るとすぐにパンツを下ろす習慣が残っていたため、ひもを結んでウエストを固定しました。

　③ズボンは大人が下ろし、パンツをはいたまま、パンツの穴から排尿する方法を教え、練習を繰り返しました。

　練習の成果もあって、5年生になったTくんは、普通のパンツをはいていて

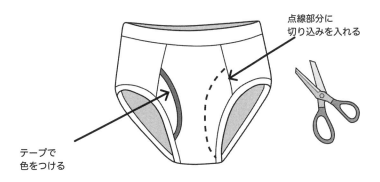

点線部分に
切り込みを入れる

テープで
色をつける

練習用パンツ：前立ての部分をバイヤステープ等で目立つようにする。それでもむずかしいとき
には前立ての後ろの布を少し切ると前立てが開きやすくなります。

も排尿できるようになりました。今はまだ、ズボンをひざまで下ろしていますが、制服を着る中学生になるころには、ズボンのファスナーを開けて排尿できるよう練習中です。

入浴

　入浴は毎日のように行う生活動作の一つであり、清潔を保つ上で欠くことのできないものです。できるだけ一つひとつの目標をしぼり、スモールステップで繰り返し練習していきましょう。

① 動作模倣で「自分で洗う」を身につける

　新しい行動ができるようになるには、お手本と同じように自分の手足を動かす模倣力の向上が欠かせません。人に身体を洗ってもらうことには抵抗がないけれど、なかなか自分で洗えない子どもの場合は、一日１回の入浴時以外にも、模倣練習のつもりで何回も練習することが必要です。
❶まずは、向かい合って座り大人が見本を見せます。風呂イスまたはその

代わりになる物に座らせるとよいでしょう。

❷スポンジを持たせ「ゴシゴシ……」と声かけをして、必ず１、２、３
……の数に合わせてこするように促します。

❸お手本なしでも、指さしや声かけだけで、身体を順番に洗えるように練
習します。

　目標は、大人とお風呂に入ったとき、声かけだけで一人で身体を洗える
ようになることです。

風呂イス等に座らせて、大人の手本を見ながら身体を順番に洗えるよう練習する。

② 身体を洗う順番を教える

　文章の読み書きができる子どもの場合は、まず身体の各部位名をチェッ
クし、浴室に身体を洗う順番を書き出した表を掲示して、順番を意識しな
がら洗う練習をしてみましょう。脇の下や足の裏など、忘れがちな部位も
順番に書き込むことがポイントです。

　また、「○回こする」「○回流す」など回数も決めてとりくむと、よいパ
ターンが身につきます。手洗いや歯みがきなどの方法を教えるときも、こ
の方法が効果的です。

順番を書き出す学習をしたり、洗い方の練習をしたりと、表がなくても
スムーズにできるまで、一日に何度も練習させることが短期達成のコツです。

身体を洗う順番（例）

①タオルをぬらす。

②タオルに石鹸をつける。

③首を 10 回こする。

④右腕を 10 回こする。

⑤右わきを 5 回こする。

⑥左腕を 10 回こする。

⑦左わきを 5 回こする。

③ お風呂から上がる順番

身体を洗う順番が定着したら、シャワーで洗い流す順番やお風呂から上
がるまでの順番なども教えましょう。

お風呂に入ってから出るまでの方法を順番に教えておくと、銭湯やよそ
にお泊まりのときも戸惑いません。

お風呂から上がる順番（例）

①身体を洗ったタオルを洗面器に入れる

② 5 回ゴシゴシ洗い

③タオルをしぼる

④タオル掛けに掛ける

⑤蛇口についた泡をお湯で流す

case 7　お風呂嫌い克服法◎Nくん（小学校1年生）

◆お湯がかかるのが苦手

　幼児期にお風呂嫌いだったNくんは、顔や髪の毛にお湯がかかるのが、とても苦手でした。

①霧吹きを使う

　霧吹きは、水道やシャワーに比べると水の加減を微調節することができ、水の粒子も細かいので、接触過敏な子でも比較的抵抗が少ないものです。コロロの集会でも、「あめあめふれふれ……」と歌いながら水の苦手な子どもに吹きかけ、不快刺激のトレーニングに取り入れることがあります。Nくんの家では、お気に入りの人形をNくんに持たせて「頭にシュッシュッ」と言いながら霧吹きで人形に水を吹きかけ、人形やNくんの手に水がかかっても抵抗がないかどうか確かめるところから始めました。

　つぎに、Nくんの首や髪の毛にも、様子を見ながら「シュッ」と言って1回、2回と吹きかけ、徐々に回数を増やして、水に濡れることに慣れさせました。

②濡れタオルを使用

　霧吹きで、髪の毛や顔が濡れることに慣れてきたNくんは、たっぷり濡らしたタオルで、髪の毛や顔を拭くことに慣れるよう練習をしました。朝、顔を洗うとき以外にも、大人がNくんの顔や髪の毛を一日に3回は拭くことにしました。回数を示し、目標を意識させることで、嫌だけれど声をあげずに我慢できる時間が延びました。実際の入浴場面でも、同様に濡れタオルで顔を拭き、襟足からお湯をかけることにも慣れさせるようにしました。小学生になってからは、シャワーで洗髪することを目標に、シャワーキャップをつけて練習中です。

case 8 背中を洗う練習◎ Dくん（中学生）

◆背中が洗えるように

中学生になっても背中を洗うのが苦手なDくん。修学旅行までにはタオルで背中が洗えるようにと目標を定め、Dくん用に特製グッズを開発しました。伸縮性のある入浴用のナイロンタオルを2本つなげた「たすき」です。それをたすきがけにして、背中をこする左右の手の動きをパターニングします。タオルを左肩から右肩にかけ替えたり、肘や腕をたすきから出したり入れたりこすったりと、大人の号令に合わせて乾布摩擦の要領で日夜練習に励んだ結果、たすきを卒業し、普通のタオルでも洗えるようになりました。

特製の身体洗い用「たすき」を作って、背中をこする左右の手の動きをパターニング。

歯みがき

　歯みがきの目的は「口中を清潔にし、虫歯を防ぐ」ことです。歯みがきが嫌いで虫歯だらけ、その上歯医者さんはもっと嫌い……そんな子どもたちがあとを絶ちません。挙句の果てに、症状が進んで大掛かりの治療で、本人も周囲もつらい思いをすることになりかねません。

　子どもの歯みがき嫌い、なかなか上手にみがけない原因が２つあると思われます。

　・口の中の異物感への過敏な反応がある。

　・自分のみがき方にこだわり、大人にみがいてもらうことを嫌がる。

① 歯みがき指導の第１ステップ

　「自分以外の人（大人）にきれいに、正しくブラッシングしてもらう習慣をつけること」これが第１ステップです。

　指導に入る前に、「自己流歯みがき」にこだわる子どもたちのみがき方を観察してみましょう。歯ブラシは口の中に入っているけれど、ガチガチ噛んだり、片側だけこすっておしまいだったりと、みがくというにはほど遠いレベルだということがわかるはずです。

　歯みがきの第１ステップ達成は、短期決戦でいきましょう。１週間で、「３分間歯をみがいてもらう習慣」をつけさせます。場所は、洗面所でもどこでも構いません。ただし、朝晩の歯みがきの時間にだけ目くじらを立てて指導しようとすると、ますます強く抵抗する場合がありますから、注意しましょう。

❶大人が歯ブラシを見せ、「あーん」と指示したら口を開け、歯ブラシを
　口に入れる習慣づくりからスタートです。

❷はじめは5秒がやっとかもしれませんが、一日に何回も練習し、少しずつ時間を伸ばしていきます。

❸口を開けるのに慣れたら、「あごをおさえて口を大きく開ける」「ブラッシングの感触に慣れる」「イスに座ったり、仰向けになったりして口を開ける」などの練習も少しずつ取り入れてください。

❹1週間後には、最低3分間口を開けて、歯みがきしてもらう習慣を身につけさせましょう。

歯みがき粉を使うかどうかは、子どもの反応を確かめて慎重にしてください。

あごをおさえて口を大きく開けられるようにする。

イスに座ったり、仰向けになったりして口を開く練習をする。

② 歯みがき指導の第2ステップ

いよいよ、子どもが自分でみがく練習に入ります。

❶ブラッシングの練習を行います。

❷自分でみがいたあと、必ず大人のチェックを受ける習慣を身につけます。

ここで大切なのは❷の大人のチェックです。子どもが自分でみがいたあ

と、もう一度大人にきれいにみがき直してもらう習慣がつけば、自己流歯みがきや歯みがき嫌いの再発を防ぐことができます。

　上手なブラッシング指導は、鏡の前に子どもを立たせ、大人が背後から子どもの手を介助する方法です。

　上奥歯、下奥歯、前歯など、位置によって手（歯ブラシ）の向きや動かし方、ブラッシングのリズムが変わることを経験的に学ばせます。

❶ 10 〜 20 回手を添えて一緒にブラッシングし、その後一人でさせてみます。

❷続けられないときは、肘あたりを軽く介助し、1 か所につき 20 〜 30 回ブラッシングさせるようにしてください。

❸ブラッシングの途中で口を閉じたり、歯ブラシを噛んでしまったりする場合は、片側の奥歯にものを噛ませておくと安定します。

　ブラッシングが上手になると、大人はつい安心して、チェックが甘くなるものです。そんなときのためにも、「みがいたから見てください」と、忘れずにチェックを受ける習慣をしっかりつけましょう。

2　自閉症児の食行動を改善する

　コロロでは、食事指導にも力を入れており、食事のときには、お弁当の中身・量・食べ方をチェックし、子どもたちの食行動に目を光らせています。なぜなら、食行動は親子関係を含む子どもの生活環境を如実に表しているからです。

　「食」という基本行動へのアプローチができることこそ、良好な親子関係をつくる第一歩であり、社会適応へ向けて子どもの状態を向上させるカギです。

自閉症児と肥満

　「そんなに食べていないのに太るんです」という話をよく聞きますが、「たくさん食べる」ことだけが肥満の原因ではありません。私たちは、生きるために食べ物から栄養を摂取しますが、この栄養（エネルギー）は大きく分けて、①生命維持の働き（内臓や血液）、②筋肉の働き（身体を動かす）、③脳の働き（思考・感情）の３方向に消費されます。このとき、摂取エネルギー＞消費エネルギーという栄養過多の状態が続くと、肥満になってしまうのです。

　たくさん食べても、活発に活動して十分エネルギーを消費していれば肥満になることはありません。ところが、自閉症児の場合②と③に向けての消費量は、健常児に比べるとぐっと少ないのです。一定時間の着席・正座・起立などの筋緊張を必要とする姿勢の保持が苦手な子どもが多く、ほ

んの数十秒で楽な姿勢へとくずれていってしまいます。

　多動な子どもは、一見かなりの運動量のように見えますが、実は適度に休憩しながら自分勝手に動いて省エネしているのです。③についても同様で、真剣に学習や作業にとりくんだり、考えごとをしたり、読書をしたりするときには脳細胞はフル回転し、エネルギーを消費しますが、常同行動をしたり、ぼんやりしたりしているときには脳はいねむり状態で、エネルギーは余っているのです。自閉症児の脳が活発に活動している時間は、本当にわずかなのです。そして、余ったエネルギーは脂肪となり、体内に蓄積されて「肥満のもと」となってしまいます。

食行動を改善するトレーニング

　子どもの肥満がよく問題になりますが、ガリガリにやせているというのももちろん問題です。コロロの教室に来ている子どもたちの中にも、偏食がひどく食べられるものがほとんどなくて栄養失調に近い状態の子どもがいます。

　自閉症児の偏食は健常児の好き嫌いとは違い、本人には食べようという様子が見られるのですが、反射的な行動が出てしまい食べ物や飲み物を受けつけないのです。この反射的な行動を改善するには、家族の粘り強い指導しかありません。

　はじめはジュースをほんの1滴2滴しか飲み込むことができなかった子どもでも、じっくりとりくむうちに少しずつですが飲めるようになっていきます。ただし、パンが食べられるようになったと思ったら、ぶどうパンのぶどうが入っている部分しか食べられない、○○のメーカーのミートボールしか食べられない……というようなことが往々にして見られます。

　このような状態だと、食生活がかなり限定されてしまいますので、いろ

いろな食べ物、いろいろなメーカーの食品、食材にチャレンジさせるようにしましょう。意外なものが食べられる場合がありますから、あきらめずに試すことが必要です。

case 9 1カ月の食事チェック◎Rくん（中学生）

◆嫌いなものが食べられるように

　ここで、食生活を改善するための簡単なチェック表を紹介します。小学校中学年から肥満傾向になっていたRくんは、1カ月の食事チェックでみごとに食生活の改善に成功しました。

　困った行動は数えきれないRくんですが、この1カ月間は食事以外のことには一切目をつぶることにし、食事チェックに入りました。

　このチェック表を使った結果、Rくんは嫌いなものが食べられた、自分の分だけで我慢できたといったよい経験を得ることができました。このような成功体験を母子ともに積み重ねることで、子どもには適応力が、親には自信がつくのです。

■Rくんの食事チェック

1週め	現状を確認する。どこで・何を・どのくらい食べたか残らずに記録する。
2週め	①何をどのくらい食べすぎているか。 ②何を食べさせなければならないか。 ③嫌いな原因は、味・舌触り・食べず嫌いのいずれか。 ④食料の買いおきが多すぎないか。 ⑤食事の盛りつけはどうか——ランチふう・バイキングふう。 ⑥家族の食事時間がまちまちではないか。 ⑦食事のマナーはどうか（あいさつ・着席・手づかみ）。 この7つの視点で問題点を整理し、 （1）親が少しだけ努力すれば我慢させられること（ウインナーは買わない、1週間ハンバーグは作らない、ジュースはコップについでから与える）を実行する。
3週め	（2）1、2週めの記録を比較し、積極的にアドバイス（毎食サラダを一口食べる、決められた時間以外にはおやつを与えない）をする。 （3）嫌いなものは、コロロの学習日に持参し、教室でお母さんに食べさせてもらう練習をする。
4週め	（4）つぎに何にとりくめそうか、お母さんにプログラムを立ててもらう。 （5）食生活が改善されるにつれ、お母さんにも自信がつき、食事面だけでなく、学習や行動課題にも積極的にとりくめるようになった。

食行動を改善した事例

◆Cくん（幼稚園児）の困った食行動◎摂食行動の改善策

　お弁当を広げると、自分でフォークを持って食べ始めたCくん。「よしよし、自分で食べられるようになってきたんだな」と、A先生は一瞬安心しました。ところが、よく見ると何だか食べ方がおかしいのです。自分でフォークを使ってごはんをどんどん口に運んではいるのですが、1回に口

に入れる量がごはん5〜6つぶと、異常に少ないのです。

　さらに観察すると、少ない量を前歯のあたりでクチュクチュと噛んでそれで飲み込んでしまい、食べ物を奥歯のほうまで入れてほおばる、ということをしていません。

　「もうちょっと多く、一度に口に入れられないかしら？」と、A先生が適量を口に入れようとしたら、Cくんは大抵抗です。口を真一文字に結んで開こうとしません。それでも先生は、がんばって何とか口に入れました。そのとたん、舌で押し出すかのようにベーッとごはんを全部出してしまいました。何回やってもおなじことの繰り返しです。

　「いったい何なの、これは？　さっきまで自分で食べていたCくんはどこへいってしまったのかしら……。お母さんから生野菜が嫌いとは聞いているけれど、これでは偏食指導なんてできやしないわ」と、Cくんの変貌ぶりが信じられないA先生。先生が食べさせるのは、いったんあきらめました。

　再びCくんが自分でごはんを食べ始めましたが、一口は依然少量です。口に入れる量は少ないのに、なぜかボロボロごはんをこぼしそうになり、「口先で食べているから、当然ね……」とつぶやくA先生です。こぼしそうになるために、自然とフォークを持つ反対の左手が出てしまい、ごはんを左手でつかんで口に入れてしまいます。そのとき、左手は指先まで口に入れ、その感触を味わっているかのようで、結果的に両手使いになってしまいます。

　この様子を見ていたA先生は、「両手使いは無理にでも禁止したほうがいいのかしら、せっかく自分で食べているのだからこのままでいいのかしら？」と考え込んでしまいました。

　Cくんの食事での問題点は2つあります。

　①口に入れる一口分の量が少ない。

②つい左手が出て両手使い（左手を口の中に入れる）になってしまう。

まず、この2つの問題点の原因を探ってみましょう。

◆ 原始反射のなごり

・自分で食べることは食べるが、一口分が少なくチビチビ食べる。

・ほおばってモグモグ食べられない。

・大人が口に適量を入れると、舌で押し出すように出してしまう。

Ｃくんのこれらの摂食行動は「吸いつき反射（原始反射）」のなごりと考えられます。赤ちゃんがお母さんのオッパイを吸うときの口の動き（チューチュー吸う動き）が、離乳期を過ぎても残っているのです。吸う動きと咀嚼する動きは異なります。

定型発達の子では、前頭葉が発達することで、吸いつき反射は自然に消失し、咀嚼する動きに変わっていきますが、自閉症児の場合、吸いつき反射が残ってしまうことがあるのです。

◆ 口と手の未分化

つい左手が出てしまい、指先を口の中に入れて、指で味を確かめ、指もろとも食べてしまうかのようです……。

手、指、口、舌などの身体の表面の感覚野は、大脳新皮質のそれぞれの場所に配置されています。ここは手、ここは口……というように、大脳新皮質の各場所によって受け持っている働き、つかさどる機能が異なっています。これを機能局在と言います。Ｃくんのこの状態は、大脳新皮質における身体各分野の機能局在が不十分で、未分化であることを示しています。

◆ 食事指導のポイント

〈適量を口に入れる〉

チューチュー吸うような口の動きを止めさせるために、大人が食べ物を適量スプーンにとって口に入れます。そのとき、反射的、瞬間的に舌で突き出してしまうことがありますから、口からこぼれそうになったら、すかさず口の中に戻すようにします。反射を物理的におさえていくのです。はじめのうちは、子どもがかなり抵抗するかもしれませんが、大人はひたすら適量を口に入れることを繰り返してください。

もともと反射ですから、トレーニングによって反射が軽減されると、咀嚼する力や舌・唇の使い方が身につき、それまでのチビチビ食べがウソのように消えてしまいます。少しだけ大人の踏ん張りが必要です。

一口分適量を口に入れる→ほおばって咀嚼する→飲み込む（嚥下する）という正常な食べるリズムを、大人のペースで身につけさせるのです。原始反射は定型発達では自然に消失し、ほおばって咀嚼する口の動きに変わっていきますが、自閉症児はそのようにはいきません。その証拠に、成人施設の食事場面で、ごはん（米つぶ）を２～３つぶずつ口に入れている人をときどき見かけます。自然に任せておいては改善されないのです。

〈補助手の余分な動きを抑制する〉

手を口の中に入れないようにするには、利き手でしっかりとスプーンやお箸を持たせ、食べ物を口に入れるとき、こぼれそうになった食べ物を指で口に入れないようにさせます。また、補助手には、おわんやお皿を持たせます。

それができないときは、むやみに手が動かないようにするのが効果的です。濡れたおしぼりタオルを手の甲に置いたり、くるりと手指を巻いておいたりすると、余分な手の動きが抑制できます。ことばで注意してもわか

らない場合は、このような環境設定をします。

　もちろん、ずっとではなく一時的なものです。手を口に持っていく動きがおさまったら、ことばでコントロールできるようにしたり、食器を支えるように手の動き（利き手を補助する動き、左右の手の分化）を促したりしましょう。

補助手が目的的に使えないときはおしぼり等をのせ、余分な手の動きを止めてあげる。

余分な手の動きがおさまってきたら補助手でおわんを持つようにする。

◆ 自立と反射抑制

　自分で食べること＝自立とは限りません。その食べ方が問題なのです。Ｃくんのようなチビチビ食べは、望ましくない食べ方ですから、この食べ方をしている限り、自分本位の食べ方から脱却できません。「ちょっと遅いから（大人が）口に入れてあげよう」としても、まず受けつけません。たいへんな抵抗をするか、口いっぱいに入れられたまま動きが止まってしまうかです。ちょっとした状況の変化によって、できていたことができなくなってしまうのでは自立とは言えません。周囲の状況に合わせて自分の行動をコントロールできることが、自立につながります。

　そのためには原始反射を抑制し、消失させることが、まず第一歩です。

年齢が低ければそれだけ脳に可塑性があり、変化や発達が容易ですし、反射を抑制するときの抵抗も成人期に比べれば軽微なものになります。

　「食行動チェックリスト」を使って子どもの食行動を見直し、該当するものがあれば、一つずつ根気よく克服させるようにしましょう。

■食行動チェックリスト

✔	チェック項目
	チビチビ食べ、または口先でほんの少しずつ食べている。
	ほおばって食べることができない。
	口に入れた食べ物を瞬間的に出してしまう。
	口にどんどん溜めてしまう。
	飲み物をゴクゴク飲めない（チューチュー一口ずつ飲んでいる）。
	なかなか飲み込めない。
	ほとんど噛まずにすぐ飲み込んでしまう（丸飲み）。
	ごはんとおかずを一緒に口に入れて食べられない。
	どんなときも自分で食べたがる。
	食べさせてもらうことを嫌がる。
	手づかみで食べてしまう。
	床に落ちたもの、目についたものをすぐ口に入れてしまう。
	両手使いになってしまう。
	食事時間が 5 分とかからない。
	食事時間が 1 時間以上かかってしまう。

偏食を改善する対応

　何かと問題の多い自閉症児の食行動の中でも、いちばんやっかいなものが「偏食」です。一般的な偏食（好き嫌い）は、見た目や味への苦手意識

からくることが多いため、嫌いなものでもその場の状況によっては、「今日は我慢して食べよう」とか、「身体のために」などと自分でセーブすることができます。

　しかし、自閉症児の偏食は、原始反射の一つである「吸いつき反射」が根強く残った結果ですから、好きなものでも適量（一口分）を口に入れられずチビチビ食べ、口内に食べ物を感じると、舌が反射的に口先に出てきてしまうものです。このように苦手な食感への反射が日々繰り返され、さらに特定の味へのこだわりが加わることで強固な偏食がつくられます。

　たとえば、お母さんの唐揚げなら食べるけれど、コンビニの唐揚げは食べない、○○の店の唐揚げは食べない……。家では食べるのにお弁当に入れると食べない、給食は残さず食べるのに家では決まったものしか食べないなど、特定場面と食行動が結びついて、偏食が強化される場合もあります。

　このように、自閉症児の偏食は一般的な偏食とは原因が異なるため、根本的な原因を突き止めなければ、偏食改善への適切なプログラムを立てることはできません。また、反射やこだわりは繰り返される中でパターン化し、より強固になり、以前は食べられたものでも急に食べられなくなる場合がありますから、早い段階で原因を明らかにし、対応することが必要です。

◆ 偏食改善２つのポイントと注意点

Point1 ユアペースでの食事

　偏食は、できるだけ年齢の低いうちに軽減させることです。食行動の基本は、何でも適量を口に入れ、リズムよく噛んで食べられることです。そのためには、親と対面して座り、まず適量を口に入れてもらい食べる（＝介助食）ことから始めます。食べさせてもらう中で、舌の反射を出さずに咀嚼嚥下できることが第一歩です。

Point2 食事の介助の仕方

　適量を舌のわきに入れます。食べ物が舌先や舌の中央に触れてしまうと、押し出す反射反応が出やすくなりますから、食べ物を奥歯の上あたりへ入れ、しっかり口を閉じて奥歯で噛むように促します。大好きなものを少量から始め、口に入れられることに慣れてきたら、一口の量を増やします。

　口に入れる→噛む→飲み込むという一連の流れが、よいリズムで繰り返されるように食べさせます。口に入れても噛まずに溜め込むようなら、「もぐもぐ」と口を動かすような声かけをしたり、噛むモデルを見せたりして促します。ゴクンと飲み込んだら、間を空けずにつぎの食べ物を入れ、適量の感覚を忘れさせないようにします。

4つの注意点

①1回の食事時間は30分

　リズムよく食事を進め、時間をかけすぎないようにしましょう。時間が長くなると、意識が途切れ、舌の反射が出やすくなってしまいますから、食事時間は30分をめどとします。

②一度口に入れたら出させない

　苦手なものをいったん口に入れても、「入れて吐き出す」という一連のパターン反応になる場合があります。特に、嫌いな食材が入っているときには、しっかり飲み込むまで目を離さず見守りましょう。

③あきらめずに方法を変えてみる

　はじめは食べられないものでも、調理方法や見た目などの工夫次第で食べられるようになる可能性がありますから、気持ちを切り替えてチャレンジしてみましょう。あまりに反発が強い場合は、一時的に食べさせるのを止めて様子を見る期間も必要です。

④ごはんとおかずを交互に、おかずもまんべんなく食べさせる

　一品に集中して食べるのではなく、バランスよく食べていく中で、さまざまな食感や味に対する幅を広げます。

　食事指導の初期は一人で食べられることよりも、介助食を優先させ、受け身態勢での食事を徹底させます。そしてつぎに、フォークなどの食具を持たせ、親が指示したものを食べる「指示食」に移行します。次々と指示する中で、よいリズムでまんべんなく食べられるようにしましょう。年齢が高くなるにつれ、反射の力も強くなり指導がむずかしくなりますから、早期療育の重点課題としてとりくみます。

---

case 10　食事指導の実際◎Aくん（5歳）

お母さん　とても偏食がひどくて、近ごろは唐揚げとポテトサラダしか食べなくて困っています。他のものを食べさせようとしても、口に入れさせないのです。

スタッフ　好きなものならば、お母さんに食べさせてもらうことはできそうですか。

お母さん　そうですね。唐揚げならできると思いますが。

スタッフ　食事場面では、まずお母さんに食べさせてもらう、という態勢づくりから始めることが必要です。マイペースな状態では、嫌いなものをよけいに受けつけなくなってしまいます。

お母さん　しばらくは、全面的に私が食べさせるようにしたほうがいいのでしょうか。

スタッフ　はい、そうですね。いきなり食べさせようとすると、反発が強くな

る場合があります。唐揚げをつめの先くらいの量から始め、少しずつ量を増やしていきましょう。スムーズになってきたら、ポテトサラダも食べさせてみてください。

お母さん　基本はユアペースですね。それならできそうです。でも、嫌がって横を向いて抵抗するかもしれません。それにはどう対応したらいいのでしょうか。

スタッフ　お母さんがAくんの口元に食べ物を差し出したことが刺激となって、反射的に顔をそむけてしまうようなことのないよう、首の後ろ側を支えて、口に入れるよいパターンをつくりましょう。

お母さん　嫌がっていると思っていましたが、反射なのですね。

スタッフ　唐揚げとポテトサラダをお母さんから食べられるようになったら、つぎは大好きな唐揚げの下にごはん一粒だけを隠して食べさせてみましょう。好きなものと一緒であれば、ちょっとした食感の違いがあっても、何とか食べることができると思います。少しずつ違うものを隠して食べさせ、食感や味に慣れさせましょう。

お母さん　慎重に進めていかないといけませんね。

スタッフ　そうですよ。反発を起こさせないことがポイントです。慣れてきたら、他のものの量を少しずつ増やしてください。隠しているところをAくんに気づかれないように、慎重にしてくださいね。それから、Aくんの咀嚼リズムが途切れないように、噛んでいる間につぎの一口分をすばやく用意して、飲み込んだらすぐに口に入れてあげましょう。

お母さん　すばやくタイミングよく食べさせるのがコツですね。今日はまず、唐揚げをユアペースで食べさせるように試してみます。

3 自閉症児の苦手な行動に対応する トレーニング法

　どうしても行かなければならない病院、のらなければならないバスや電車……、どうしたらいいのだろうと、憂鬱になることがあると思います。そんなときの対応法と家庭でも行えるトレーニング法を紹介しましょう。

病院に行く・健康診断を受けるトレーニング

　急な発熱などで、子どもを病院に連れて行こうと思っても、診察を嫌がるために躊躇することはありませんか。いつでも当たり前に、病院で診察を受けたり、健診を受けたりできるようにするトレーニングを紹介しましょう。

① 場所や雰囲気に慣れる

　病院は子どもにとって、年に数回程度しか行くことがない上に、何をされるかわからない、とても不安な場所だということを念頭に置きましょう。何とか病院の玄関まで連れては行ってみたものの、とても抵抗して中に入れなかった、という話をよく聞きます。初めて行ったときに、パニックを起こして大泣きしてしまった場合、2回めはそれ以上の抵抗を示すことがあります。

❶病院という場所に慣れるために、元気なときに病院に立ち寄る練習から始めましょう。

❷玄関から入って受付の人にあいさつしたり、事情を話してトイレを借りたり、ときには待合室に入れてもらって本を見ながら過ごすのもよいで

しょう。

❸いざというときに備えて計画的にとりくむことがポイントです。

② 健康診断の練習

　毎年行われる健康診断も苦手で大騒ぎになる子どもがいます。健診は健康な心身を維持するために欠かせないものですから、小さいうちから、苦手だけれどがんばって受けられるという程度にはしておきたいものです。

〈内科健診〉

　内科健診は、聴診器を胸と背中にあてたり、目や喉の奥を診たりする簡単なものですが、スムーズに受けるためには事前の慣れが必要です。

❶触診に慣れる

　自分で触るのはよいけれど、他人に触られるのは嫌だ、という感覚過敏の子どもは少なくありません。普段から手足はもちろん、お腹や背中、首すじ、手首、ひざ、耳の裏などに触れても、抵抗感がないかどうかチェックしておきましょう。入浴や着替えのときなど、自然の動作として身体に触れる機会を利用します。

　目元や口元を触られるのが苦手な子どもも多いようです。毎日の洗顔のときに、強めにタオルで拭いたり、大人の手や指でこすったりして、触られることに慣れるようにさせましょう。

対面して座り、腕を触られる練
習。

入浴時を利用してお腹や背中の
触診の練習。

大人のひざの上で耳を触られる
練習。

タオルで顔まわりを触られる練習。

口まわりを指でこすられる練習。

❷医療器具に慣れる

　聴診器のような、普段目にすることがない医療器具で身体を触られるこ
とへ抵抗が強い場合は、入浴後や着替えのついでに、聴診器のおもちゃを
使って練習してみましょう。強く抵抗するときは、短時間で構いませんか
ら「5を数えるまでがんばろう」などと言いながら、一日に5～10回
こまめに行い、怖くも痛くもないことを経験的に教えていくと、抵抗が薄

れます。

　慣れてきたら、「お医者さんごっこ」の要領で、子どもが自分でシャツをまくってお腹を出し、触診や聴診器で診察を受ける練習もします。また、喉の診察も受けられるように、口を大きく開けて、スプーンやへらなどで舌をおさえられる感触にも慣れておくとよいでしょう。

口を開け、舌を押さえられる練習。

「お医者さんごっこ」で自分で服をまくってみる。

③ 検温に慣れる

　体温計を脇に挟むことが苦手な子どもは多いものです。脇は敏感な部分ですので、はじめは服を着たまま脇にものを挟むことから練習します。サインペンや鉛筆などの危なくないものを脇にあてたり、挟んだりすることから始めます。

　慣れてきたら少しずつ時間を伸ばし、もう一方の手で、挟んだ腕をしっかりおさえることも練習しましょう。ものを挟む感触に慣れてきたら、体温計を直接脇に挟み、検温にチャレンジします。検温がスムーズにできないようでは、注射はとても無理ですから、ぜひクリアしてください。

はじめは服を着たままでよいので、脇にペンなどを挟む練習からやってみる。

④ 歯科健診

　近年、口の中の衛生状態が全身の健康と密接な関係にあることがわかって、予防歯科の重要性が叫ばれるようになってきています。

　なにより、虫歯になると痛いですし、歯が健全でないと食事の楽しさが奪われてしまいます。

　毎日の歯みがきと、定期的な歯科健診や歯科治療が口腔の衛生や将来の健康を守る上で大切になってきます。

❶歯みがきチェックを受ける

　幼児期は、お母さんにみがいてもらうことができた子どもも、自分である程度みがけるようになると、他人にみがかれることを嫌がるようになります。毎回の歯みがきでは必ず大人のチェックを受け、他人にみがいてもらうという感触に慣らしておきましょう。

❷大きく口を開け、器具の感触に慣れる

　歯科健診は口中をいろいろな器具で触られたり、歯を叩かれたりしますから、ユアペースの歯みがきができることが前提条件になります。

　毎日の歯みがきチェックのあとに、大きく口を開け、1分ほどの健診の練習を行います。歯科器具の代用品としてフォークやスプーンなどを使

い、歯や舌に触れることからスタートします。歯科健診でよく用いられるミラーのついた口内用の器具も市販されていますので、使ってみてください。

大きく口を開けて、口の中をみてもらう練習。

歯科器具の代用品としてフォークやスプーンを使って歯や舌に触れられる練習。

⑤ 応急処置

消毒されたり、絆創膏を貼られたりするのを嫌がるだけでなく、消毒の容器や脱脂綿を見るだけで抵抗する子どももいます。

❶いかにも「さあ、消毒しますよ」という雰囲気では反発が強くなりますので、子どもの視界に入らないように脱脂綿やティッシュに消毒薬を含ませ、さりげなく傷にあててみましょう。

❷虫さされや湿疹用の塗り薬が苦手な子どもは、日ごろからハンドクリームなどを手足に塗る練習をしておきましょう。

❸絆創膏や冷却シートなどは、けがや発熱といった特別なときの特別な感触だからこそ抵抗が強くなります。健康体のときにトレーニングとして手の甲に絆創膏や冷却シートを10秒間のせたり貼ったりするところからスタートし、少しずつ時間を延ばして克服させましょう。

❹絆創膏などをはがすときも、自分で勝手にやらせないで、ユアペースを

徹底することが肝要です。いざというときに慌てないよう、スモールス
テップを踏みながらとりくみましょう。

◆ 病院・健康診断のトレーニング５つのポイント

Point 1 行動トレーニング

「まぐろさん」で身体の力をぬくトレーニングは治療を受ける際に効果
を発揮します。

Point 2 ユアペース行動（受け身行動）トレーニング

座って少し待っている、出された物にとりくむなど相手の指示に応じて
行動することを日常的に練習しておくと新たな場面でも指示に応じやすく
なります。

Point 3 反射の抑制

接触反射や感覚過敏は少しずつトレーニングして和らげていきます。

Point 4 自閉症に理解のある医師に受診

落ちついて診療を受けられたというよいパターンを積み重ねていきま
す。

Point 5 待ち時間の過ごし方

子どもがどのくらい待てるか把握しておきます。

コラム4 家庭療育の記録
お母さんから教えてもらった
脳波検査の練習法

　小5で身体の成長がはじまり思春期に入った娘は、意識が途切れたとき、一点をボーッとみつめる時間が長くなりました。そこで、かかりつけの小児科の先生のすすめもあり、脳波検査を受けることになりました。4歳のときに受けたきりで、そのときもたいへんだった記憶しかないため憂鬱でした。

　コロロのお母さんたちに脳波検査の話をすると、あるお母さんが「クリスマスツリーにつける豆電球を頭につけて練習した」と、教えてくれたのです。そのすばらしいアイデアをヒントに、ホームセンターでいちばん小さいサイズの吸盤を買ってきて、それにひもをつけたものを10個作ってみました。

小さいサイズの吸盤にひもをつけて脳波検査練習グッズを作成。

その吸盤をテープで頭につけて、吸盤を触らないように「手はおひざ」で正座トレーニング（43ページ参照）をしました。

　検査の前日までこのイメージトレーニングを行ったところ、検査器材を嫌がったり触ったりすることもなく、無事検査を受けることができました。

　中学部進学の際には学校でも心電図検査があり、この吸盤のイメージチェックトレーニングが役に立ちました。「まぐろさんの行動トレーニング」（139ページ参照）中に足首・手首に吸盤をつけ、大きめの洗濯バサミを使ってイメージトレーニングを重ね、無事検査を受けることができました。小1のとき、大泣きをして受けられなかった心電図検査の苦い思い出を払拭することができました。

　因果関係がわからなくても、イメージトレーニングによってクリアできましたが、その基本となるのは家庭でのユアペース行動だと思います。とてもすてきなアイデアを教えていただいている、コロロのお母さんたちにとても感謝しています。

お母さんの「病院・検査克服法」

　病院や検査で苦労したことが、自閉症児を持つ親なら必ずあることでしょう。何をされるかわからない恐怖感、人や音刺激、待ち時間と、病院は不快刺激が多く、特に発語のない子にとっては「○○だから病院に行く」「○○だから治療する」などの因果関係がわからないのですから、泣いても大暴れしても当然です。だからといって、言語・概念が育つのを待っているわけにもいきません。よいパターンを定着させていく必要があります。

　現在息子は中1で、身体も大きくなり、病院へ行くことも減りましたが、耳鼻科・歯科へは2カ月に一度、定期健診に通っています。今までに経験した治療は、安心して受けられるようになりましたが、やったことのない治療や検査となれば、おそらくたいへんだと思います。

　母子関係がしっかりしていると思っていても、治療室に入って私が強い対応をすると、逆に賦活させてしまって困ることが多かったのも事実です。そんなとき、どう対応すればいいのか、いつも試行錯誤でした。これまでの病院体験についてお話ししましょう。

◆耳鼻科の診療

　小2まで中耳炎にかかりやすく、よく耳鼻科に通いました。耳だれが出るまで気づいてやれず、「痛い」と言えない息子が不憫でした。このときばかりは「発語してほしい」と思いました。おさえつけて治療はできましたが、耳鼻科＝泣きがパターン化してしまいました。

　そんなとき、家の近くに新しい耳鼻科が開院したのを知りさっそく行ってみると、先

生が「今日はイスに座るだけでもいいですよ」と言ってくださいました。そのことばに、とても安堵したのを覚えています。その後も、息子の様子を見ながら大暴れになる前に治療を止めてくださったり、緊急時以外は臨機応変に対応してくださりました。

　ところが、小5のときに問題行動が発生したのです。先生が使う治療器材にパッと手を出してしまうことが数回続きました。その器材に対しての条件反射なのでしょう、明らかに超速行動でとても力が強いのです。その後は、治療を始める前に「先生、今日も器材に手を出すと思います」と一言伝え、看護師さんにも気をつけていただいていますので、問題行動はクリアできていますが、今でも予測される場合は伝えるように心がけています。

◆歯科の診療

　県の療育センターの歯科外来で小2〜小6まで定期的にお願いしていましたが、低学年時は、私のほうが歯科に慣れさせようと躍起になっていたのかもしれません。特に口腔は過敏で、反発反射を出してしまったり、先生との悪いやりとりパターンが定着してしまったり、マイペース行動も多かったように思います。それでも少しずつ口の中を触られることにも慣れ、ブラッシングもできるようになりましたが、治療となると反発し、進められませんでした。

　小6のとき、自閉症の子どもの治療に定評のある先生に診ていただいたところ、よけいな声かけもなく淡々と治療を進められ、あっという間に終わりました。先生の持っている雰囲気で、息子のマイペース行動が抑制されるのでしょう。現在は2カ月に一度の定期健診をお願いしていますが、家庭でも口腔過敏を和らげるトレーニングや虫歯ケアが必要だと思います。

電車やバスを利用するトレーニング

　車内で独り言を言う、ホームでしずかに待てない、跳びはねる、耳をふさぐなど、小さいうちはさほど目立たない行動が、身体が大きくなると動きも大きくなり、周囲に迷惑をかけることにもなります。年齢の低いうちから、公共交通機関を利用する上でのマナーを教えることはとても重要です。

　また、電車やバスを見ると興奮して飛び出してしまう、大きな声を出すといった反射的な行動は未然に手を打っておかないと、接触事故や人を押してしまうといった、大事故につながりかねない危険性があります。

　電車やバスなど公共の交通機関を利用して、コロロの教室へ通う子どもも多くいます。ラッシュ時の経験もトレーニングと考えて、がんばって通ってきています。

❶手つなぎは必須

　電車が何本も行き交い、人も大勢いる駅のホームや改札口は、常に危険と隣り合わせですから、迷子にならないためにも、手つなぎは必須です。どんな状況であっても、親と手をつなぐことを歩行トレーニングの中で取り入れましょう。

❷ユアペースの歩行

　年齢が上がってからの手つなぎに抵抗があるという場合も、大人の歩調に合わせてユアペースで歩き、いつでも指示に応じられる態勢でいられるようにしましょう。

■こんな行動を見逃していませんか？

・特定の電車や車両にのりたがる。
・特定の座席に座りたがる。
・定位置にこだわる。
・ホームでしずかに待てない。
・車内で声出しや、おしゃべりが出る。
・ラッシュ時や混雑時の人ごみが苦手。
・通過列車が通り過ぎると大きな声を出す、耳をふさぐ。
・車内では、お菓子や飲み物が欠かせない。
・扉が開くといちばんに出たい。
・人との距離感を意識するのがむずかしい。
・リュックや濡れた傘が人にあたっても気にしない。
・せまい座席でも無理やり割り込んで座る。
・自主通学中、バスや電車が通り過ぎるのをじっと見ている。
・スカートをはいているとき、ひざを閉じて座れない。
・異性に近づきすぎたり、気になる人の顔をじっと見てしまう。

公共交通機関を利用する

◆座席に座らずにはいられないYくん

Yくんは電車を利用して通室していますが、乗車の際電車のドアが開くと、われ先にと車内に駆け込み、空席を見るや否やあっという間に座ってしまいます。その上、空席がないときは人を押しのけてでも座ろうとしてしまうため、車内では片時も目が離せません。お母さんは席の有無に関わらず、座らずに目的地まで行くことを目標にトレーニングを始めました。

車内での問題行動とはいえ、家庭での過ごし方が重要ですから、つぎの通室日までの1週間、足型を使った立位の練習を毎日30分以上、腕立て姿勢3分間を5セット以上、みっちりトレーニングしました。

通室の当日、家を出るところから本番が始まり、駅までお母さんのペースで早歩きをさせました。ホームでは、お母さんより一歩下がった位置で、お母さんと手をつないで電車を待ちます。実地訓練ですから、空いている車両は避けました。電車がホームに入ってきたら、「手をつないで、ゆっくりのります。座りません」と、繰り返し言い聞かせ、ちょっとにらみも利かせて、いざ乗車。

車内に入り、向かい側のドアまで一気に進み、手すり付近に立たせました。お母さんは「100まで数えたら座ります」と言って、しずかにカウントを始め、数え終わったところで、「座りましょう」と座る場所を指示して、座らせました。

初回はひとまず成功です。その後は、カウントを増やして時間を伸ばし、今ではお母さんが座っても、Yくんは座りたがることもなく、しずかに乗車できるようになりました。

特定の座席に座りたい、扉近くの手すりを握って外を見たい、見知らぬ人の紙袋や

ペットボトルをつい触ってしまうなど、車内での気になる行動は、子どもによって違いますが、原因は目と身体が未分化であることと特定刺激（座席、紙袋、ペットボトルなど）が重なり合って、こだわり反射がパターン化していることにあります。

このようなパターンを消去するためには、Yくんのように電車にのる前から意識づけすることと併せて、適応力を育てるトレーニングが必要です。手にものを持たせ、気になるものを見ても触らないという練習をこまめに行い、自己コントロール力を高めていきます。

◆正面を向いて座れず横座りになるJくん

Jくんは座ってしずかにしてはいるけれど、窓の外を見たくて横座りをしてしまいます。これでは隣の人に迷惑です。触るときは「手はおひざ」ということを習慣づけるために、家庭で使っている手の静止トレーニンググッズ（ハンカチなどに手型を書いたもの）をひざに置いて練習したら、とても効果がありました。ひざの上にリュックやかばんを両手で抱えるようにして持たせても、体幹が安定し、よい姿勢が保持できます。

手の静止トレーニンググッズ（ハンカチなどに手型を書いたもの）の使い方

車内で手持ち無沙汰にならないように、小出しにできる作業道具も用意して、手作業に集中させる方法もあります。長時間の移動の際には、どうしても集中力が途切れてしまい、いろいろな問題行動が出てしまうことがあります。そんなときのお助けグッズがあります。

■車内で使える作業＆学習グッズ

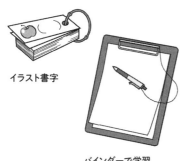

イラスト書字

バインダーで学習

シール貼り

車内でお口を閉じていることを意識させるために、絵カードを活用。

買い物トレーニング

　高学年になると、学校では買い物学習が始まり、家族と一緒に買い物に行く機会も多くなると思います。カートを押したり指示された品物をカゴに入れたり、子どもがアシスタントを引き受けてくれると大助かりです。

　スーパーには、食料品や日用品など日常生活に欠かせない品物がいっぱいで便利な反面、子どもがこだわりたくなる品物や売り場がたくさんあります。売り場以外にもエスカレーターやハンバーガーショップなど、刺激になるものも多く、問題行動を誘発させる環境と言っても過言ではありません。

　お店に入って、カゴを探しているすきに、いきなり走り出してお菓子コーナーへまっしぐらで、目に入ってくるお菓子に、あれ買って、これ買ってということにもなりかねません。

■こんな行動を見逃していませんか？

・特定のお店にしか入れない。
・家族と一緒に売り場を回ることができない。
・店内を走り回る。
・手当たり次第に商品を触る。
・特定の売り場にこだわる。
・○○を買わないとパニックを起こす。
・決まった順序でしか売り場を回れない。
・精算時にじっと待つことができない。

◆ 買い物に向けてのトレーニング

〈大人と並んで歩く〉

買い物の主導権は大人です。大人があれこれ品定めするペースに子ども
が合わせられなければ、買い物のアシスタントは務まりません。

❶日ごろの歩行練習

大人とおなじ歩調で並んで歩いたり、意図的にスピードを速くしたり遅
くしたりと、変化をつけてそれに合わせることを練習しましょう。

❷位置関係を保たせる

店内では、片手でカゴを持ち、もう一方の手は大人と手をつなぐか、バ
ッグなどに軽く手を添えさせ、常に大人に従って移動するという位置関
係を保たせるようにします。

〈定位置で立つ〉

スーパーでの買い物には、レジの順番待ちがつきものですが、子どもは
これがもっとも苦手な時間です。レジ前の列に並び、しずかに待てるよう
にするために、家庭内で大人が家事をしている間、そばで5〜10分し
ずかに立っている練習をしておきましょう。

◆ 立ち位置を意識させるトレーニング

❶はじめは、足型を書いた紙など、立ち位置を意識させる補助具を用いる
とよいでしょう（44 ページ参照）。

❷「両足をそろえて、そのままの姿勢で100 数えるまで立つ」というよ
うに、指示された姿勢をくずさないよう練習します。

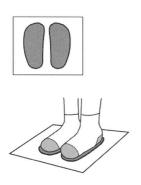

足型を使って立ち位置を意識させる。

両足をそろえて、100 数えるまで立つなど指示された姿勢をくずさないようにする。

◆ 聞き取り学習

〈品物をカゴに入れる〉

　子どもにとってなじみのある野菜なら、「（カゴに）キュウリ入れて」と指示すれば応じられると思いますが、調味料やお惣菜、日用品などは案外名前を知らないものです。

❶机の上に４、５種類の品物を並べて、名前と品物を一致させます。

❷子どもにカゴを持たせて台所に行かせ、指示したものを探してカゴに入れさせます。

指示されたものをカゴに入れて、大人のもとに戻って報告する。

❸カゴに入れたらすぐに大人のもとに戻って、「○○を入れました」と、報告させます。

◆ 売り場での実践

家庭で「買い物」ができるようになったら、いよいよ実践です。

❶売り場（子どもが探しやすい場所）で、「○○取ってください」という大人の指示に従い、カゴの中に入れさせます。

❷次々と指示し、よけいなものに手を出さないようにします。

❸大人の指示があるときだけ、品物を手に取るというよい行動を、しっかり習慣化させます。

Fくんの買い物トレーニング

　店内で勝手に歩き回ってしまうFくん。歩行や立位のトレーニングをして、お母さんと一緒に、スーパーでの買い物にチャレンジしました。

①開店直後のスーパーに入店

　すぐにカゴを持たせ「お母さんと一緒にお菓子を買います」と、しっかり手をつないでお菓子売り場へ。「何を買いますか?」「チョコを買いますよ」とやりとりし、Fくんが自分でチョコレートをカゴに入れ、手をつないでレジへ。チョコレートを買って一度お店の外へ出て、10分ほど周辺を歩行。

②ふたたび入店

　カゴを持たせるとき、「りんごを入れてからお菓子を買います」と言い聞かせ、手をつないで売り場へ。「りんごをカゴに入れてください」「はい、りんごを入れます」と、Fくんにりんごをカゴに入れさせます。その後、できるだけ遠回りしてお菓子売り場へ。そして、お菓子を買う前のやりとりをして、Fくんがお菓子をカゴに入れてレジへ。その後いったん帰宅。

③3回めの入店

　「カゴを持って」というお母さんの声かけで、Fくんは自分でカゴを持ちます。すでに2回ともお菓子を買ってもらったので、「レタスとハムとパンを入れてからお菓子を買います」という指示にも、反発することなく応じられました。そして、お菓子売り場では、Fくんの要求したお菓子を、【お母さんがカゴに入れ】レジに向かいました。

④お菓子を買うまでの時間を延ばす

　その後の買い物では、お菓子売り場を通過して他の売り場に行ったり、いろいろな
フロアを回って最後にお菓子売り場になど、お菓子を買うまでの時間を延ばす練習を
繰り返しました。

　お菓子売り場の前を通ってもお菓子にこだわる様子が見られなくなり、最後には
お菓子を買わないで帰ることができました。
　しかし、入店したときにカゴを持たせると、お菓子の売り場に行こうとするので、
まだまだ油断はできません。引き続き練習を重ねると共に、今後は「今日はお菓子
を買わない」「今日は何も買わずに通過する」という日も作り、さまざまな状況に応
じられることを目指していきます。

散髪・理容室に行くトレーニング

　理容室では、タオルを首に巻いたり、ヘアブラシで髪をとかしたりと、子どもの苦手な接触刺激でいっぱいです。その上、はさみで髪を切られるとなれば、感覚過敏の子どもにとって気持ちのいいものではありません。まず、家庭でさまざまな接触刺激に慣れる練習が必要です。また、普段行き慣れない場所への抵抗感が強い子どもには、理容室という場所に慣れる練習も必要です。

◆ 接触刺激へのトレーニング

〈首周りの刺激に慣れる〉

　まず、理容室でタオルやケープを首に巻けるよう、首周りへの接触刺激に慣れる練習から始めます。

❶お風呂で身体を洗うときや、着替えるときなどに首や肩を触られても、のけぞったり肩をすくめたりしないでいられるように、抵抗の少ない部分から少しずつ触って、慣らしていきます。

❷タオルを首に巻いたり、スカーフやケープを首から肩にかけたりして、理容室で座っているような状態でしずかに過ごせることが目標です。20 ～ 30 秒から始め、5 分以上過ごせるようにしましょう。

〈髪や頭皮への刺激に慣れる〉

　ヘアカットのときにも、くしやヘアブラシで髪をとかしたり、髪を引きながらはさみでカットしたりと、髪や頭皮への接触がたくさんあります。自分で髪をとかすことはできるけれど、人にとかされるのは嫌という子どもは少なくありません。

タオルを首に巻いたり、スカーフやケープを
首から肩にかけておく練習をする。

くしやヘアブラシで髪をとかしてもらうことにも
慣れるようにする。

❶大人が強弱をつけて髪をとかします。

❷髪に整髪料などをつけて、大人がマッサージするのもよい練習になります。

❸女の子は日常的に髪をゴムで結んだり、ヘアピンで前髪を留めたりと、いろいろな感覚に慣らしていきます。

〈ヘアカットの感覚に慣れる〉

　髪や頭皮へのいろいろな接触刺激に慣れてきたら、いよいよヘアカットの練習開始です。はさみが顔の近くに迫り、敏感な首筋や顔の周りで髪をチョキチョキ切られることは、誰でもちょっと不快に感じるものです。

❶朝の洗面や入浴のあとに、短時間イスに座らせてタオルなどを首に巻きます。

❷耳元でチョキチョキはさみを鳴らしたり、髪の毛を引いてカットの真似をしたり、ヘアカットで感じる刺激への練習をします。

　ヘアカットされることは抵抗感があっても、はさみで髪の毛を切る様子

は関心があり、はさみの管理をキチンとしておかないと、子どもが自分で前髪を切り、妙な髪型になってしまった……という事態になりかねませんから、気をつけてください。

水のスプレーを頭に吹きかけられることに慣れる。

髪の毛を引いてはさみでカットする真似をして慣らしていく。

◆ ヘアカットの練習法

お父さんやお母さんが理容師さんになって、家庭でヘアカットの練習をしてみましょう。

❶ 洗面所の鏡の前にイスを用意して、首にはタオルと散髪用のケープに似せたスカーフやビニール風呂敷などを巻きます。

❷ 霧吹きで頭に水を吹きかけて、髪をしっとりさせます。

❸ ヘアブラシで髪をとかしてから、子どもが何をされているのか見える部分（頭頂部や耳の上など）の髪の毛をつまんで、演技は少しおおげさなくらいにして、少しだけカットします。

❹ 襟元や耳元など敏感な部分にも少しずつ触れてみます。このようにして、ヘアカットが怖くも不快でもないことを体験させ、抵抗感を薄めていきましょう。

❺ 不安な場所である理容室に慣れる練習をしましょう。大きな鏡やはさみなどの見慣れない器具がたくさんあって、何をするところかわからないと不安です。学校の帰りに理容室の前を通ったり、お店の人にお願いして店内でトイレを借りたり、よその人が髪の毛をカットされている様子を待合室のイスに座って見学させてもらったりして、理容室の雰囲気に接する機会を増やしましょう。

❻ 家庭での「とこやさんごっこ」に成功し、理容室に行くことに抵抗がなくなったら、理容室で散髪にチャレンジします。

❼ イスに座ったら、手早くさっと散髪してもらいます。慣れてきたら、シャンプー、整髪など通常のメニューをしてもらいます。

入学式・卒業式に出席するトレーニング

　入学式・卒業式は、新たな生活を迎える節目となる行事です。素敵な笑顔で過ごせるよう、子どもに合わせたプログラムを組んで練習しましょう。新入生・卒業生として参加する子どもだけではなく、在校生として参列する子どもにも、式典にふさわしい立ち居振る舞いが求められます。

◆ 着席を持続する練習

　入学式・卒業式は開会式に始まり、学校長式辞、来賓祝辞、祝電披露と続き、在校生あいさつ、新入生・卒業生あいさつ、閉会の辞をもって式典が終了となるのが一般的です。式典が行われる1〜2時間は着席の持続が求められます。口は閉じ、手はひざ、顔は正面に向け、背筋を伸ばし、肩の力を抜いた姿勢をつくることから練習します。

❶手の常同行動や上体の揺れが頻繁に見られる場合には、手や頭・肩などの動く部分にお手玉などをのせてみましょう。ものを落とさないように意識することで、身体の動きを止めるということがわかってきます。

❷足の動きが気になる場合は、踏み板や足型を使用し、一定の場所から動いてはいけないことを、視覚的にわかりやすく伝えます。

❸厳かな式典ですので、独り言やおしゃべりなどをしないで過ごしたいものです。向かい合って座り、口を閉じ続ける練習をしましょう。

　このような同一姿勢を一定時間保持する〈静止トレーニング〉〈持続力を高めるトレーニング〉は、あらゆる指導・訓練の基礎になります。子どもの発達を促すには、家庭での毎日の療育の積み重ねが大切です。あらゆる行動の基礎となる〈静止トレーニング〉〈持続力を高めるトレーニン

グ〉を欠かさず行いましょう。

◆ 「起立」「着席」の号令に合わせた動作

　入学式・卒業式では「起立」「着席」の号令に合わせ、集団でいっせいに立ち上がる、いっせいに座る場面が多くありますから、これらの動作の習得に向け、家庭で練習をしましょう。

❶まず、大人と向かい合って座り、大人のモデルに合わせて「立つ」「座る」動作を練習します。対面だけでなく、横並びでもとりくんでみてください。

❷つぎに、「起立」の号令で「立つ」こと、「着席」の号令で「座る」ことをパターニングし、号令に合わせた動作の習得を目指します。大人が「立つ」「座る」の動作のモデルを示し、最終的には大人のモデルがなくても、自分自身で「立つ」「座る」ことが判断できるようにします。

❸起立・着席の理解を促す方法として、「起立」「着席」の文字カード、「立つ」「座る」の絵カードで動作のマッチング学習の効果があります。

❹声の指示に合わせた動作が習得できるよう、1、2、3……の号令に合わせて、スクワットや踏み台昇降の練習も効果があります。

❺号令に合わせた動作の習得がむずかしい場合は、周囲の動きに合わせて「立つ・座る」の練習を行います。

〈卒業証書授与式〉

　卒業証書を授与されるときの基本的な動作はつぎの４つです。

❶名前を呼ばれて返事をする

　自分の名前を呼ばれたら、「はい」と大きな声ではっきりと返事をする練習をします。自分の名前を呼ばれたときにだけ返事ができるよう、本人の名前だけではなく、きょうだいや友だちの名前をまぜて練習します。

❷壇上に上がる

正面を見て歩きます。壇上の姿勢も重要です。背筋を伸ばし、肩に力が
入らないよう、できれば指先を伸ばしてそろえたいものです。

❸卒業証書を受け取る

❹席に戻る

◆ 正装する

入学式や卒業式のような特別な日には、制服にきれいなコサージュをつ
けたり、襟つきのブラウスやシャツにネクタイを締めて正装したりするこ
ともあります。慣れない服装で登校すると、いつもの生活パターンがくず
されたり、自分の思い通りではないことでパニックを起こすこともありま
す。周囲の状況に柔軟に適応することがむずかしい子どもたちだからこそ、
意図的・計画的なトレーニングによって、こだわりがくずされても、パニ
ックを起こさずにいられる力をつけたいものです。

❶「こだわりはないかな?」という視点で、子どもの着替えの様子を観察
してみましょう。洋服を着る順番がいつも決まっていたり、気がつくと
お気に入りの洋服ばかり着ていたりしませんか。

❷大人が洋服を着る順番を指定したり、きょうだいの手袋やマフラーを借
りて着させたりするなど、積極的にパターンくずしをして、他人に介入
されることに慣れるようにしましょう。

❸コサージュを指で触る、上着のチャックを上げ下げするなど、衣服で感
覚遊びをする子どもがよくいます。日ごろから手はおひざにする、荷物
を持つなどの目的行動を促します。

❹接触過敏のため襟つきのブラウスやタートルネックが苦手な子どももい
ます。大人が首筋に触って 10 カウント我慢するトレーニングをして、
首への接触に慣れるようにします。

襟つきのブラウスやタートルネックが苦手な子
が多い。

1・2・3… …10
大人が首筋に触って10カウントするなど首へ
の接触を練習を行う。

宿泊旅行するトレーニング

　環境の変化に適応することのむずかしい自閉症児にとって、親戚の家や
ホテル・旅館での宿泊となると、「いつもと違う場所で落ち着いて過ごせ
るかしら?」「自分の部屋以外で眠れるのかしら?」など、心配ごとがた
くさん出てきます。楽しく充実した旅行にするには、どんな練習が必要な
のか考えてみましょう。

　まず、日ごろの生活の中に、こだわりが潜んでいないかチェックしてみ
ましょう。

　外で泊まるということは、いつもと違った場所で生活することですから、
いつもと違う状況でも、いつもとおなじように、食事や睡眠がとれ、排泄
や入浴ができることが重要です。

　親戚の家に泊まるときには、「わが家ルール」は通用しません。基本的
なマナーや、常識をわきまえた生活動作ができることが望ましいでしょう。

　「親戚の家に泊まるという経験をすることで、知らず知らずのうちに日
常の生活がパターン化していたことに気づかされました」という話をよく

聞きます。行動がパターン化しやすく、こだわりやマイペースが強くなりがちな子どもでは、日々の生活が家庭・学校などに活動場面が限定されるため、子どもだけでなく家族の日常生活もパターン化しやすいものです。お泊まり旅行などの非日常的な経験をすることは、普段の生活では見えてこない、子どものこだわりやパターン行動を発見するよい機会にもなります。

■こんな行動を見逃していませんか？

・自分の食器でしか食事をとらない、食卓での席が決まっている。
・「いただきます」をするまで待てずに、勝手に食べてしまう。
・決まった寝具、決まった部屋で眠る、就寝時の灯りにこだわる。
・和式トイレや立ち便器で排泄できない。
・靴を脱いだままそろえない、家に上がるとき靴下まで脱いでしまう。

3人の宿泊体験

◆〈食事〉Uくんの場合

　初めて田舎のおじいさんの家に遊びに行ったUくん。大皿に盛られた唐揚げや煮物など、ごちそうがテーブルに並んでいます。お箸を上手に使えるUくんは、目の前のお皿にある唐揚げを、おいしそうに食べ始めました。ところが、お母さんがそのお皿の唐揚げに手を伸ばした瞬間、Uくんは怒り出しました。お母さんは訳がわからず、困惑しました。

　お母さんは食事量を管理するため、Uくんが食べる分のごはん・味噌汁・おかずを一人前ランチセットにして出していました。そのため、Uくんは自分の前に並んでいるお皿＝自分の食事と思い込んでしまったのです。この出来事をきっかけに、さまざまな食事スタイルに対応できるよう、中華料理の大皿取り分け、一皿一品スタイル、小皿に数種類の料理を盛りつける懐石料理風など、食事でのマナーを教えるためにお母さんは工夫しています。

◆〈トイレ〉Bくんの場合

　親戚の家でトイレに入った小学校1年生のBくん。トイレの前でズボンもパンツも脱ぎ捨て、ドアを開けたまま用を足し始めてしまいました。その上、便座を上げていなかったために便器の周囲にもひっかけ、びっしょり濡らしてしまいました。

　この出来事も、自宅での習慣に原因がありました。Bくんは一人では上手にズボンやパンツを下ろせず濡らすことが多いので、幼児期から家では全部脱いで、排泄するのが習慣になっていました。さらに、便座を上げ忘れることも多いため、お母さんが「（便座を）上げてね」と一声かけ、ドアを開けたままで、用を足すようにさせていま

した。これがしっかりパターンとなり、親戚の家でも当たり前のようにやってしまったのです。

　このことを教訓に、家庭では毎回お母さんがトイレに付き添い、まず、便座を上げさせ、パンツやズボンを下ろさずに、チャックだけを下ろして排泄するパターンを身につける練習を開始しました。親戚の家だけでなく、デパートや駅などの公衆トイレでも恥ずかしくない立ち居振る舞いができるように、着ている服に合わせた動作を覚えたいものです。

◆〈乗り物〉Iくんの場合

　毎年、年末年始は親戚の家で過ごしていたIくん。例年どおり、お父さんの運転する車で親戚の家に向かっていました。高速道路で帰省ラッシュの大渋滞に巻き込まれてしまったため、少し休憩をしようとお父さんが近くのサービスエリアに入ろうとすると、Iくんはパニックを起こしてしまいました。

　お父さんは里帰りのたびに、親戚へのお土産を買うために便利なサービスエリアを利用しており、決まったサービスエリアに立ち寄ることがパターンとなっていたのです。たまたま違うサービスエリアに立ち寄ることになり、いつものパターンがくずされたために、パニックを引き起こしてしまったのです。

　さまざまなサービスエリアを利用したり、ルートをこまめに変更したりすることでパターン化を防ぐ必要がありますが、里帰りなどの旅行を、公共交通機関の利用マナーを身につけるよい機会と捉え、新幹線や飛行機などのいろいろな乗り物にチャレンジしてみましょう。

第4章

家庭療育
◎こんなことに困っています

■人のメガネに触ってしまう〈小学校 1 年生男児の母親から〉

Q 今までさまざまなことにこだわってきましたが、最近はメガネにこだわっています。家族はメガネをかけていませんが、祖父母が訪ねてくると、そばに寄って 2 人の老眼鏡を繰り返し触るのです。祖父母に対してですから、さほど気にしていなかったのですが、近ごろは電車の中で周囲の人のメガネに手を伸ばし、触ることがあります。強く叱っていますが、人前ということもあり、たいへん恥ずかしい思いをしています。どうしたらよいものでしょうか。

A 「電車やバスの中、レストランなどで、他の人の持ち物、食べ物に手を伸ばしてしまうことがよくあります。いくら叱っても繰り返すので、対応を変えなければと思うのですが……」

このような相談を受けたとき、必ずつぎのようなアドバイスをします。

「手を出す前に止めましょう」

メガネに触ってしまってから手をおさえるのではなく、手を伸ばす直前におさえましょう。困った行動のあとに叱ることが問題解決にならないのは、強く叱っても繰り返してしまうことから明らかです。

問題行動を止めるタイミングは「直前です」というお話をすると、「わかっているのですが、とても手が速くて」「ちょっと目を離したすきなんです」という答えが返ってきます。ものを見るとすぐに手が出てしまうといった行動は、外界の刺激に対する反射的な反応で

すから、その速度はとても速いのです。大人が離れているときの行動は対応が間に合わないので、行動が見逃されたり、あとから叱ったりすることになります。

　では、このような悪循環（「メガネ→触る→大人が叱る」の繰り返し＝悪い連鎖パターン）を断ち切るにはどうすればよいのでしょうか。

●メガネを見ても手を出さないトレーニング

　①机を挟んで大人と子どもが向かい合って座ります。

　②机の上にメガネを置いて、互いに「手はおひざ」で待ちます。時間を決めて（10分→30分）、その間絶対にメガネには触ってはいけません。もし、手が出そうになったら、すばやく止め、「手はおひざ」の指示を出します。このような環境設定の中では大人も緊張していますから、「直前」のタイミングを逃すことはまずありません。

　③つぎの段階では、大人が実際にメガネをかけます。どのようなメガネでも、オーケーです。メガネに手が伸びてきたら、すばやく身をかわします。

　④①から③のトレーニングを繰り返していくと、メガネを見ても反射的に手を出すことは少なくなり、行動がゆっくりになっていきますが、油断は禁物です。常に視線やことばかけ（「メガネはだめよ」）などで、注意を促しましょう。

　「メガネ→触らない」の行動パターンを身につけておけば、さほど注意しなくても触ることはないはずです。

　このトレーニングプログラムは、「ものを投げる」「人の髪の毛をひっぱる」など、他の問題行動にも応用できます。いずれの場合も、計画的にプログラムを立てて行うことが大切です。行きあたりばったりの対応では、タイミングを逃し、悪い行動（メガネ→触る→叱

られる）パターンは消去されません。

　悪いパターンを消去し、よい行動を身につけるには、トレーニングプログラムが必要です。

　問題行動というほどではない、ちょっとした行動、たとえば、人に触ったり、もののにおいをかいだりといった日常的なくせに対しても、行動が出る前のタイミングでおさえることがポイントです。そうした習慣ができあがると、子どもは日常の刺激に対して、正しい反応を示すようになってくるものです。

■ひっきりなしのおしゃべり〈小学校 4 年生男児の母親から〉

Q 　何とか一人で日常生活ができるようになり、目に余るようないたずらもしないでいられるようになりました。しかし、前からあった「独り言」が、このところ特にひどくなっている気がします。一人で隣の部屋で遊んでいるときも、遊びの内容とはまるで関係ないことをしゃべり続けています。

　私が部屋に入り「何を言っているの？」と聞くと一時的には止まりますが、1 分も経たないうちに、また始まります。仕方なく、私のそばに座らせて洗濯物をたたむお手伝いをさせたところ、2 ～ 3 枚たたんだところで独り言が始まってしまい、効果はありませんでした。

　学習中はそれほどではありませんが、課題と課題のすきをぬってしゃべり出してしまいます。電車やバスにのったときもお

なじ状態です。始終私がそばにいて注意し続ければよいのでしょうが、そういうわけにもいきません。独り言を止めさせるには、どうしたらよいでしょうか。

それから、学校から帰ってきたとき、私に毎日決まりきった質問を投げかけてきます。聞かなくてもいいこと、当たり前のことなので、毎回答えたくないのですが、答えるまでしつこく聞くのです。

一度、「おなじことを聞いたらコロロの先生に電話します」と言って叱ったら、おさまるどころか騒ぎ出し、パニックのようになってしまいました。それでも懲りずに、また翌日おなじことを聞いてくるのです。

口をおさえるとか、ものごとに集中させるとか、私の質問に答えさせるとか……いろいろやってはみるのですが、一時的ですぐに戻ってしまいます。そういうことでは根本的に解決しないのでしょうか。

A ことばの常同化やパターン行動が、かなり根深くなっている深刻な例です。このようなひっきりなしのおしゃべりは、周囲の人々を疲弊させるものです。口をおさえたり、矢継ぎ早に質問したり、ものごとに集中させたりするなどの方法は、それぞれ意味はあるのですが、根深い自閉症状に対応するには、まだ十分とは言えません。

ただ対応するだけではなく、タイミングやテンポ、声のトーン、表情などいろいろなテクニックを使い、子どもの反応を見て、よりよい方向へと導かなくてはなりません。

独り言やおなじ質問の繰り返しはしつこく起こる現象ですから、

大人の側があきらめてしまい、そのまま放置しがちです。

「3カ月後に消去する」ことを目標に、とりくんでみてください。

問題は、ことばが無意識に出てしまうこと、わからないから質問するのではなく、「その時間」「その相手」「その場所」での〈パターン反応〉によって起こっているということを認識してください。

対応法としては、ことばを発するときに意識させること、時間・相手・場所のパターンを変えることで、かなり解消できるはずです。さらに、意識して話をし続ける持続力、意識レベルが下がらないための適度な緊張感と運動速度を維持する練習が、基本のトレーニングになります。

●独り言をなくすトレーニング

家庭でできるトレーニングプログラムの一例を紹介します。子どもの様子を見ながら実行してみてください。

①口に箸や紙などを挟むことで、意識して口を閉じる練習をする

意識して口を閉じる練習を積み重ねると、だんだんその状態が当たり前になり、ことばを発するということが意識的な行為になっていきます。しかも、「帰宅」＋「お母さんの顔」という条件の中で起こるやりとりパターンをくずすことが目的なら、子どものそばに付き添ったりせず、時間的な目安を提示して、子どもから離れたほうがうまくいきます。

②運動プログラムをこなす

コロロの教室には、「文章を読んでそのとおりに行動する」という学習課題があります。箇条書きになっている運動プログラムを自分一人でこなすように指示します。慣れてきたら30分くらいでできるさまざまなメニューを用意しておきます。

・スクワットを 20 回しましょう。

・手を叩きながら 100 まで数えましょう。

・腕立て姿勢（腕立て伏せではない）で 50 まで数えましょう。

・踏み台昇降を 80 回しましょう。

・寝て右足を上げて 30 まで、左足を上げて 30 まで、両足を上げて 40 まで数えましょう。

③「まぐろさん」の姿勢で、口を閉じる

　まぐろさんは仰向けに寝た姿勢を保つことで、全身はリラックスしています。口の部分にものをのせて落とさないように意識づけることで、意識と目標を一点に集中できる場合もあります。

④持久走や階段を昇降する

　運動場や階段を利用して一定時間力を出し続けるトレーニングです。全速力で校庭を 3 分間走る、持久走なら 30 分間走り続けます。階段の上り下りなら、休みなしに 15 〜 30 分間続けます。

　顔が少し赤くなるくらいが適度な量で、運動にとりくんだあとは、口を動かさずにしずかにしていられます。一定時間良いリズムで動き続けると、その後の静止が続きやすくなります。

⑤本を音読する

　文字を読み続けることで、自分の音声がフィードバックされ、声の調子、発音が意識されます。独り言は意識レベルが下がったときに出ます。文字を目で追って読むことで意識レベルが上がるので、独り言は出にくくなります。

⑥独り言や繰り返しする質問を録音して本人に聞かせ、しゃべらないように約束させる

　これは意外と効果があります。レコーダーから聞こえた声が自分の声だと気がつくまでに多少時間はかかりますが、「しまった」とい

う表情が見えたら、すかさずやってはいけないことを約束させます。その際、「言ったら（約束表に）×をつける」など、本人にわかりやすく伝えることがコツです。

　①〜⑥の方法を、一日に２つ選んで各30分ずつ２週間続け、状態が改善されていくようなら、一日３つに増やして継続していきます。

- -

■パニックが止まりません〈6歳女児の母親から〉

- -

Q いろいろな場所でパニックになるので困っています。もともと新しい場所にはぐずって入れないことが多いのですが、特に病院のような硬い感じの建物や遊園地では、泣き叫び大パニックになってしまいます。

　無理に抱え込んで連れて入っても、何時間でも泣き叫んでいて、その場を離れるまでおさまりません。なだめても、叱っても、お菓子を与えたりしても、まったく効き目がないのです。ものすごい泣き声なので周りの人にも迷惑ですし、一緒にいるきょうだいの気持ちを思うとつらくなります。

　きょうだいを遊園地に連れて行ってやりたいし、他にもいろんなところに出かけたいのですが、またパニックになったらどうしようと思うと、外出するのが恐ろしくなってしまいます。

　子どもをどこに預ければいいのでしょうか。近くに親戚はいませんし、託児所などに預けたとしても、そこでまたパニックになるのは目に見えています。最近では、遊園地の近くにある

ビルが見えただけでも嫌がります。どうしたらよいのでしょうか。

A 場所に対する反応が、パターン化してしまったのですね。病院のような建物、遊園地、どちらも最初の何らかの不快な刺激と泣き（パニック）という反応が結びつき、他のよく似た場所に対しても、おなじような反応が引き起こされているのです。

　このようなことが続くと、そうした場所に行くのを避けてしまいたくなりますが、それでは生活できる場所が限られてしまいます。もう少し大きくなったら、怖がらなくなるのではないかと考えがちですが、自閉症児には特定の刺激に対して特定の反応がパターン化されやすいという特徴があり、一度身についたパターンはなかなか変わりにくいものです。たとえ、いつの間にか大丈夫になったとしても、また別の場面で形を変えて、パターン反応が出てきます。

　身についたパターン反応を一つひとつくずすことが、問題行動をなくす近道です。それには、環境側からの積極的な働きかけが不可欠なのですが、身体が大きくなり、力が強くなった子どものパニックやこだわりをおさえるのはむずかしくなります。

　少しでも小さいときのほうが、子どもの発達面から見ても、親の体力的な面から見ても比較的容易にトレーニングができます。

● 耐性力をつけるトレーニング

　子どものこだわりは特定の場所に対してだけではなく、日常生活全般に見られます。いちばん困っている場所へのこだわりを、何とかしたいという気持ちはわかりますが、あせりは禁物です。

まず、生活面での小さなこだわりをくずすこと（不快刺激の注入）から始め、適応力をつけていくことがポイントです。

●まずは小さな不快刺激から

　不快刺激があっても、パニックにならずに少しずつ自己コントロールできるようにするトレーニングです。

①おやつや食事を前に、「手はおひざ」にして10秒待たせます。大人が「どうぞ」と言ってから食べるように指示します。

②さまざまなこだわりも、10秒待ってから認めるように対応します。

　どちらも一日10回以上行い、徐々に待つ時間を延ばしてください。

③並行して正座（「手はおひざ」で○分間動かない）、立位（荷物を持って○分間立っている）、腕立て姿勢保持（同一姿勢保持を○分間）も行うと、より効果的です（43〜45ページ参照）。

④日常場面でも、簡単な指示に従う練習をその都度行います。

●注意点

　多少不快でも泣かずに耐えられる程度のトレーニングを一日5回くらい行い、徐々により不快なことに耐えられるようにします。これら不快刺激に対するトレーニングのポイントは、パニックを起こすギリギリの限界までがんばらせることです。

　じわりと涙ぐむくらいはよいですが、それが泣きやパニックになってしまう場合は、刺激が強すぎるということですから、少し時間を短くするか、もう少し軽い不快刺激で練習して、再び挑戦するようにしましょう。もし泣いてしまったら、とにかく早く泣きを鎮めるようにします。口を軽く手で覆ったり、好きなものを見せたり、

少し歩き回ったり、音楽を聞かせたりするなど、泣きを鎮める効果がある方法を探しておくとよいでしょう。

　こうして耐性力がついてきたらいよいよ実地でトレーニングをします。

●こだわりくずしのトレーニング

　一定期間、集中的に一つの場所に出かけることが理想的です。このとき、トレーニングのためだけに出かけるという気持ちでチャレンジしてください。

　①あまり拒否反応が強くない場所を選びます。病院や公民館、市役所のような建物が候補になると思います。

　②初日は建物に入って5秒間待っている、つぎに入ったときは10秒間と毎日時間を延ばしていきます。

　③1週間後にはトイレに入って出てくるなど、様子を見ながら少しずつ目標を高くしていきます。このとき、泣かせてはいけません。とにかくその場所で泣かずに一定時間過ごし、建物から出ることができたという、よい反応パターンを経験してきます。

　たとえば、病院の待合室のソファで好きな絵本を見て1分間過ごすことや、建物の中の自動販売機でジュースを買う、館内を歩いていれば落ち着くのなら、階段を上り下りするだけを目標でも構いません。

　④特定の場所で、ある程度落ち着いて過ごせるようになったら、より不快な場所へとターゲットを移していきます。入れる場所を一つずつ増やしていきます。

　場所のこだわりといっても、何らかの刺激が引き金となっていることが多く、その原因を探ることが、場所選びのポイントになりま

す。嫌な場所が病院なら、消毒のにおいや白いコンクリートの壁な
どが原因なのかもしれません。遊園地ならば、騒音や広さが不快刺
激となっているのかもしれません。

　家で大きな音でラジオを聞くことに耐えられますか？　病院や遊
園地の様子をビデオで見ることに耐えられますか？

　日常生活の中で何が不快刺激になりやすいかを探して、家庭でス
モールステップでトレーニングしていきましょう。

●天狗のお面に大泣きしたＲ子ちゃん

　コロロの幼児教室に通うＲ子ちゃんは、高尾山神社で天狗のお面
を見て大泣きして以来、他の神社の赤い鳥居を見ても泣くようにな
ってしまいました。

　コロロのスタッフは、さっそく天狗のお面を購入し、毎日の集会
でＲ子ちゃんに見せました。歩行トレーニングのときにはわざわざ
神社に出かけ、赤い鳥居の下で10秒間待っている練習から始めた
のですが、2、3回の練習で天狗のお面を見ても泣かなくなりました。
ちょっとしたことで、場所と反応が結びついてしまうこと、そして
集中的な練習によって反応が変わることを目のあたりにしたケース
です。

■学習をさせすぎたことへの反動？〈小学校3年生男児の母親から〉

Q 今は動作絵カードを見て書字学習をしていますが、学習は好きで、私の指示をよく聞いて毎日1時間以上もとりくんでいます。でも、学習が終わるととたんに態度が一変し、まったく指示が入らなくなります。声をかけようものなら怒って声を荒らげたり、逆にふざけているかのようにケラケラ笑い出したりの繰り返しです。

学習が順調なのに、どうして行動面が反映しないのでしょうか。学習をさせすぎた反動で表れる問題行動なのでしょうか。もう少しくつろぐ時間をつくったほうがいいのでしょうか。

A 学習中の状態がよいのに、その後に問題行動がひんぱんに出てしまうと「学習をさせすぎたことへの反動」と考えてしまいがちですが、実はそうではありません。

なぜ、学習では指示が入りやすいのでしょうか。たとえば、カードマッチングをするときは、目線の安定をはかるために体幹支持を心がけ、上体の細かな揺れや意味のない反射的な手の動きを止めます。

また、カードを渡すときや指示を入れるタイミングに注意したり、声かけのトーンや量を調整したりして、子どもが課題に集中するように工夫します。

このように、学習では意識レベルを保つための諸条件、つまり環境設定をしているために指示の通りがよいのです。

学習時以外の子どもに対する接し方はいかがですか。子どもの意識レベルは高く保たれているのでしょうか。学習場面にせよ、日常

生活場面にせよ、子どもの意識レベルを高い状態に保たせるためには環境設定が大事です。問題行動は学習やトレーニングの反動ではなく、むしろ、のんびりくつろぐ時間を増やせば増やすほど問題行動は助長されるだけです。なぜなら、問題行動は意識レベルの低下によって引き起こされるものだからです。

　自閉症児は自ら意識レベルを高く維持することが苦手ですから、生活場面でも、意識レベルを低下させないように過ごさせるように〈環境設定〉を考えなければなりません。とはいっても、家事で忙しいお母さんが、いつもつきっきりでいるわけにもいきません。お手伝いなどを自習課題として提示する方法が効果的です。

●お手伝いを自習課題にしたトレーニング

①まず、学習が終わった直後の意識レベルが高くなっているときに、机上でお手伝いや作業の練習をさせます。お手伝いや作業をさせるにも学習と同様、達成水準を決めなくてはなりませんが、「お手伝い」というとつい目標が高くなりがちです。

　「食事の後片づけ」というお手伝いも、洗剤をつけて食器を洗い、すすいで拭いて棚に片づけるまでの一連の流れを求めてしまいます。この工程を一人でできるようになるには、何カ月もお母さんがつきっきりで指導しなければなりません。日々の生活はいろいろな刺激にあふれているため、子どもは何をすべきか情報を取り入れにくいものです。そのため、お母さんも躍起になって声かけやタッチが増えてしまい、それで反発を招いてしまうのです。

　その点、机の上での作業はよけいな刺激を排除しやすいので、細かい手仕事なども教えやすく、目標達成水準を容易に判定することができます。

②「食器拭き」は子どもが一人で拭けるお皿拭きから始めます。お皿を手に取る→ふきんで拭く→しずかに重ねるくらいの３〜４工程を、机上で練習させます。

③実際の後片づけ場面で、お皿を拭く作業を子どもにさせると、すでにある程度のパターンが身についていますので、後片づけの指示も受け入れやすくなります。

④お皿拭き以外の時間に、自分勝手な行動を認めてしまうととたんに意識レベルが下がり、指示が入らなくなってしまいますから、大人の近くでよけいな手出しなどさせずに、しずかに作業を見学させます。このトレーニングの前段階として、足型や踏み台の上で、一定時間立位を持続する行動トレーニングをします（44 ページ参照）。

　台所の作業の他、シール貼りやビーズ通し、模写などいろいろな作業があります。机上でどの程度自習できるかをチェックしてみましょう。お母さんが家事の片手間に、様子を見ながらでもできる課題は何か、どれくらいの時間子どもが作業を続けられるかの目安がわかると、課題を設定しやすくなります。

　しかし、お母さんが忙しくて、作業やお手伝いの設定や指示を与える余裕のないこともあると思います。そのようなときも、家の中で跳びはねたり、歩き回ったりさせないようにしてください。ビデオを見たりおもちゃで遊んだりするときには、必ず着席や正座の姿勢をさせるようにしましょう。ちょっとした指示をこまめに出すだけでも、意識レベルの落ち込みは防げるものです。

　お母さん自身、慣れるまでしばらくはきついかもしれませんが、家族そろって本当のくつろぎの時間を得るためにも、このようなトレーニングを取り入れてください。

■自発的に仕事をするようになるには
〈特別支援学校高等部1年生男子生徒の母親から〉

Q 幼いころは多動で問題行動も多く、ほとほと親を困らせた息子ですが、今はだいぶ落ち着き、こちらの指示に合わせた行動が何とかとれるようになり、家の手伝いも、私が近くで見ていればできるようになりました。

ところが、私が少し離れると、ぼんやりとして手が止まることが多いのです。洗濯、食器洗いなど一応しますが、いちいち声かけが必要です。また、達成度（きれいさ）は、もう少し何とかならないものでしょうか。

〈中学校2年生女子生徒の母親から〉

Q 先日、私が急用で出かけることになり、思った以上に帰りが遅くなったため慌てて帰ると、玄関の前で娘が黙って立ちつくしていました。また、部屋でじっと座ったまま、2時間近くいたのではと思われる日もありました。私がいないときでも、せめて一つでも何か目的を持って過ごせるようになってくれたらと思うのですが、どのようにすればよいものかと悩んでいます。

148

A 息子さんの例でも、娘さんの例でも、仕事ができると言えるようになるためには、自主的に意欲を持って仕事をする状態になっていなければなりません。自閉症のお子さんは、多くの場合「技術的にできる」ようになるのはなかなか困難です。

　「技術的にできる」段階から「指示と監督があれば一人でする」を経て、「習慣的にする」ようになり、最終的に「自分の判断で自発的にするようになる」ところまで、ていねいに計画的に導く必要があります。

①「技術的にできる」よう指導するときに大切なことは、作業の工程をなるべく小さな単位に分け、指示に正確に応じられるようになるまで根気よく徹底的に教えて、本人が混乱しないよう心配りすることです。

　たとえば、洗濯なら、洗濯物の分量を適量にする、色落ちするものを別にする、適度な水位の設定、洗剤を入れる、洗濯時間のセット、洗い上がったものを干して洗濯機の周りを片づけるなど、それぞれの部分を一つひとつ指導します。

　食器洗いでも、作業全体を本人が理解できるよう準備から完了までを小さなかたまりに分けて、洗剤の扱い、洗い上がりのチェック、すすぎのチェックというように一つひとつ教え、最後のふきんの始末までをしっかり理解させます。

　単に「させてみる」では、教えていることにはなりません。「思った仕上がりにならない」のは、食器を洗うということのポイントがきちんと教えられていないからです。教えたにも関わらず「しない」のは、要求されていることがよくわかっていないために「できない」のですし、「したりしなかったりする」のは、多くの場合、

「指示が明確に伝わっていない」「理解できる指示が与えられていない」と考えるべきでしょう。

②一般に、洗濯、食器洗い、掃除などを、はじめから終わりまでさせるのはむずかしいことです。途中であきて逃げ出すくせがつかないよう、まず仕事の【終わり】に近いところから参加させます。

③洗濯なら干しやすいものを選んで干す。食器洗いなら最後の数枚のお皿を拭いて片づける、掃除なら小さな範囲だけごみを残しておいて、その部分に掃除機をかけ掃除機を片づける、というところから始めるのがよいでしょう。

④「おわり！」「お手伝いありがとう」「お父さん、○○ちゃんがお手伝いしてくれましたよ」というような声かけをして、仕事の喜び、完了の快感、ほめられる楽しさを経験させましょう。できそうなところまで待たせて、作業に参加させます。

⑤次第に参加時間を増やし、無理なく全工程を大人と一緒にできるようにします。

⑥一緒にできるようになったら、「ちょっとお母さんは別の用をするけどやっててね」と近くで目配りしながら、一人だけでお手伝いする時間をつくります。その時間を徐々に延ばし、最初の指示と目配りだけで一人で全工程をするように導きます。

　個人差がありますから、どのくらいでここまで到達するか、標準的なものはありません。何カ月も、ときには何年もかかることもあるでしょう。一見誰にでもできそうな単純なことでも、きちんと理解できていないと、確実にできるようにはなりません。しかし、複雑でかなりむずかしそうな仕事でも、一つひとつの部分が確実にできるようになれば、その積み重ねでいろいろなことができるようになります。

「指示と監督があれば一人でする」「習慣的にする」の段階では、日課の中に組み込んで曜日を決めるという形に持っていくとよいでしょう。また、この段階では、混乱の原因になりかねない例外をつくらないような心配りも必要です。

　いくつかの仕事が指示またはプログラムに従ってできるようになったら、「お母さんの帰りが遅いときは、○○か△△をして待ちましょう」という指示をします。これらの指示がしっかり守れるようになれば、自発的に仕事をすることができるようになるはずです。

- -

■交通事故を避けるには〈中学校 1 年生男子生徒の母親から〉

- -

Q 自宅近くからバスにのって 40 分ほどかかる特別支援学校に通っています。学校の方針で自主通学の練習をしているのですが、先日バス停で待っているときに、突然走ってくる車の前に飛び出そうとしました。このときは、首尾よく腕をつかんで止めましたが、もし気づくのが遅かったらどうなっていただろうと思うと心配で、まだまだ一人では通わせられないと思いました。

　ことばも増え、身辺のこともだいたい自立し、少し気が楽になってきたところだったのでショックでした。車に気をつけるようによく言い聞かせればわかると思うのですが、他にもよい対応法がありましたら教えてください。

A 自主通学に踏み切る前に、もう少しトレーニングが必要です。走ってくる車の前に飛び出すという行動は、目に入った刺激（車）に対して反射的に身体が動くという、障害児にはよく見られる行動です。「車に気をつけなさい」「飛び出してはいけませんよ」と注意しても、車が来る場面、飛び出す場面とことばとが結びついてしまい、かえって反射的行動を強化してしまうおそれがあります。では、どのように対処すればよいのでしょうか。

●外歩きのトレーニング

　すぐに始められる最適なトレーニングが歩行です。

①車への飛び出し以外にも、小刻みな反射による動きがないかどうかもチェックしながら、まずは30分～1時間、速い歩調でお母さんと手をつないで歩きます（37～39ページ参照）。

②つないでいる手を離そうとしたら、直前の微妙な変化を捉えて握り返し、止めるようにしてください。お母さんのペースに合わせて歩くことで、子どもは意識レベルを高く保つことができ、反射的な動きは起こらなくなります。歩く時間も徐々に長くし、集中力・持続力を養います。

●意識してものを見るトレーニング

①お母さんと子どもが1mくらい間を空けて向き合い、正座します。

②しっかりとお母さんの目を見続けさせます。短くとも3秒間は続けられるようにしましょう。

　簡単なことのように思えますが、頭を動かさずに正座し続けることすらむずかしい、という子どもは意外に多いものです。

●ユアペース行動のトレーニング

　目の前にあるものにすぐに手を出さず、大人の許可を待ってから行動するトレーニングです。

①子どもに気をつけの姿勢をとらせます。

②目の前の机に学習プリントと鉛筆を置きます。

③3秒待ってから、やさしく「はじめましょう」と声かけし、子どもはゆっくり鉛筆を取ります。

④食事の場面でも、出されたお箸やスプーンをすぐに持たせず、待

つ姿勢をとらせてから大人の「いいですよ」「いただきます」などの声かけで、お箸を取らせるようにします。

　お手伝いをさせるときも、10秒数えてからテーブルを拭くとか、お皿をしまうなどの行動をとらせます。反射的な動きが消え、一方で概念が育ってくると、「ゆっくり」とか「早く」といった声かけがなくても、その場の状況に合わせて行動できるようになります。ここまでくれば、ことばで問題行動を制止できる可能性も出てきます。

　自主通学のときに、お母さんが家で「車が来ても飛び出してはいけません」と言って見送れば、その声を頭に留めておいて、よい行動がとれるわけです。ただ、一歩外へ出れば予期せぬことはいくらでも起きますので、そのときどきに必要な情報を選択的に受け取り、判断して行動できるようになって初めて安心して自主通学させられるのだと思います。

手はおひざにして待つ。

プリントを机の上に出し、大人が「はじめましょう」と言ったらはじめる。

第5章

コロロ発達療育センターの療育

コロロの教室については、ホームページや「発達プログラム」という季刊誌で最新情報を公開しています。

この章では、あらましだけを紹介していますので、さらに詳しいことをお知りになりたい方は、ホームページからお問合せください。

コロロの理念

・**誰一人として排除しない**…「困難の度合いの大きい人から優先的に受け入れます」その場にいるみんなで生きていくことがノーマライゼーションにつながると考えています。

・**みんなは一人のために、一人はみんなのために**…「人は集団の中で生きていくもの」一人のためにみんなが協力してよい集団を作り、集団が良く機能するよう一人ひとりが譲り合う精神を大切にしています。

・**療育とは科学であり技術であり生活文化である**…「科学的に裏付けされた理論と技術なくしてよい療育はない」療育することを生活に溶かし込んでいくことで、生活の質が高められると考えています。

・**療育の主体者は親である**…「コロロメソッドは在宅支援プログラムである」親がMT（Mother Teacher）、FT（Father Teacher）として主体的に療育に携わることが地域で暮らすことにつながると考えています。

幼児から成人まで、兄弟や保護者もその場にいる全員で楽しめるダイナミック・リズム（DR）。

成人施設瑞学園での海外旅行。

コロロの「在宅支援プログラム」

①療育講座や講演会の開催、「発達プログラム」（季刊誌）や書籍などを通して、療育理論や技術を伝えています。

②コロロの教室に通室の方には、面接や連絡帳で家庭療育の疑問や悩みにお答えします。保護者向け勉強会（MT & FT 講座）を定期的に実施しています。

①、②ともにホームページより案内を発信しています。

講演会・療育講座では支援者・保護者にコロロメソッドの理論と実践を具体的に紹介している。

保護者向け講座（MT ／ FT 講座）は各教室で定期的に開催されている。

コロロの通所施設の紹介

① 幼児教室のあらまし

〈**対象**〉就学前の幼児

〈**コース**〉①毎日通室コース　②週 1 回通室コースがあります。

〈**療育内容**〉

◎コロロメソッドによる早期教育プログラムを行っています（リズム体操、手遊び集会、戸外歩行、食事指導、学習指導、行動トレーニングなど）。

◎集団活動で、社会適応力を身につけることを目標にしています。

〈**早期教育のねらい**〉

①自立歩行…歩行スタイルを確立し、目的に応じた手足の発達を促します。

②着席注視…注視教材などを使って、座って見続ける力を養い、模倣する力を促します。

③バイオリズムの調整…日中は頭と身体をよく使い、夜に熟睡するリズムをつくります。

④食行動…偏食を改善し、正しい食行動を習得します。

⑤発語プログラム・概念学習…自発語の獲得、内言語の獲得を目指す学習プログラムです。早期から学習態勢をとることで行動面の問題も改善されます。

＊幼児教室のデイリープログラムに添って一日を過ごします。

幼児教室で集会。次々と目を引く教材が歌と共に提示され、子どもたちは釘付けになる。

② フリースクールのあらまし

〈**対象**〉小学校1年生〜高校3年生

〈**コース**〉①毎日コース　②週1回コース

〈**指導内容**〉コロロメソッドによるデイリープログラムを行います（全体授業、個別指導、作業、運動、音楽、行動トレーニングなど）。

〈**フリースクールの特色**〉

①担任制をとらない変化のあるクラス編成…自閉症の特徴である、人に対するパターン化を防ぎます。

②集団の中での個別指導…集団感応（つられ動き）を活用し、視覚的にわかりやすい集団をつくることで、集団に合わせて行動できるようにします。

③静と動のプログラム…自閉症に特有な小刻みな行動リズムを調整します。

④時間割にとらわれない柔軟なプログラム…間断なくプログラムを進めて意識レベルの低下を防ぎます。

フリースクールの全体学習。常に子どもたちの状態を把握しながら内容を組み立てている。

③ 学童教室のあらまし

〈対象〉小学校1年生～高校3年生

〈コース〉①週1回コース　②月1回コース

〈指導内容〉発語プログラム、概念学習プログラムによる学習指導、行動トレーニング

〈学習指導の特色〉

　①概念学習プログラム…無発語の段階から文字学習を導入し、文字を媒体とした発語指導を行います。ことばの学習を通して、言語・概念の獲得を目指します。

　第1段階　興味を引く教材をテンポよく提示することで、注視力をつけて学習態勢をつくります。マッチングや模写学習を経て、絵を見てものの名前を字で書ける（書字）ようにします。

　第2段階　書字枚数を増やし、「一字一音の法則」に気づくようにします。発語指導や数の学習もこの時期に開始します。

　第3段階　文章の読み書きや、簡単な質問に答える課題を導入します。

　第4段階　会話や自発的な意思伝達、考えて行動する、くわしく説明・表現する課題にとりくみ、言語・概念を育てます。

学童教室の学習指導。一対一の体制はとらず、3〜4人の子どもに対し、1人の先生が指導を
する。

　②家庭課題の提示…教材の作り方、介助の仕方、つまずいたときの原因
分析の仕方などをアドバイスします。

　③基本姿勢（学習態勢）の重視…学習段階に関わらず、受け身行動や一
定時間とりくむ持続力が身につくようにします。

コロロ発達療育センターの主な行事

●**ダイナミック・リズム（集団運動音楽療法）**：音楽を使い、いろいろな
動作運動をしながら、集団行動が苦手な自閉症児者が無理なく、楽しく、
初めてでも2時間ほどの集団行動がとれるように考案されたプログラムで
す。集団感応を引き出す、体幹支持を確立し注視行動を習得する、模倣能
力を伸ばすなどのねらいで行われています。

●**合宿**：家族と離れて、1泊2日のお泊まり体験。お楽しみ会、お友だ
ちと一緒に食べる夕食など慣れない体験に挑戦し、力を出し切ることを覚
えます。夏合宿（5泊6日）、父子合宿なども実施しています。夏合宿で
は幼児期から登山を行い、八ヶ岳など3000m級の山に毎年チャレンジ
しています。

●**ハイキング**：集団で一緒に行動することによって適応力を伸ばし、周り

に合わせて行動する力をつけます。歩行およびトレーニングの一環として
登山にも挑戦します。

●講演会・療育講座：各地にて開催しております。

コロロ発達療育センター　全国の教室

・事務局／国分寺教室　〒185-0002　東京都国分寺市東戸倉2-10-34
　TEL　042-324-8355
・杉並教室　〒167-0042　東京都杉並区西荻北3-33-9
　TEL　03-3399-0510
・横浜教室　〒225-0013　神奈川県横浜市青葉区荏田町232-7
　アゼリア205　TEL　045-910-1106
・名古屋教室　〒458-0847　愛知県名古屋市緑区浦里5-329 1F
　TEL　052-626-8372
・神戸教室　〒650-0012　兵庫県神戸市中央区北長狭通4-7-13
　サンハイツ元町　TEL　078-386-4100
・松山教室　〒790-0952　愛媛県松山市朝生田町1-10-3
　TEL　089-961-1184
・熊本教室　〒862-0903　熊本県熊本市東区若葉3-15-16 1F
　TEL　096-206-9670

■コロロの教材と本

発達障害児のためのことばの練習帳　**季節のもんだい**

季節の食べ物や行事などの知識や語彙を身につけることができます。56 枚の絵カードつき。◉ B5 判・96 ページ・定価 880 円

発達障害児のためのことばの練習帳　**形容詞** くらべることば

大きさ、長さなど比較の形容詞の学習に。豊富なイラストを交え、基礎～応用問題まで幅広く掲載。◉ B5 判・96 ページ・定価 1,100 円

発達障害児のためのことばの練習帳　**うごきのことば**

絵を見て二語文を書く、文字を読んで適切なことばを書く、絵を見て文を書く練習をします。◉ B5 判・96 ページ・定価 1,100 円

発達障害児のためのことばの練習帳　**なまえのことば**

ひらがなの練習から、物の名前を覚え、書けるようになるまで。豊富な絵で楽しく学習できます。◉ B5 判・96 ページ・定価 1,100 円

発達障害児のためのことばの練習帳　**しつもん文**

色、形、あいさつことばなど簡単な質問に答えることでコミュニケーションの基礎を学びます。◉ B5 判・96 ページ・定価 770 円

かずの練習帳　数列・〇かぞえ・〇かき・指と数

数列書きや〇かぞえなど、数の基礎的な学習ができます。シンプルで集中しやすい出題形式です。◉ B5 判・96 ページ・定価 880 円

発達障がい児のための シールブック (シール付)

色合わせや形合わせなど、様々な種類のシールを貼って、目と手の協応動作を楽しく練習します。◉ B5 判・134 ページ・定価 1,430 円

自閉症児のための コミュニケーションワーク いつ・どこ・だれ

疑問詞を理解し、文のよみとりや質問に答えるためのワークです。切り取って使える絵カードつき。◉ A4 判　64 ページ・定価 1,650 円

自閉症児のための コミュニケーションワーク 物の用途・場所と目的・ 人と職業

物の役割や、場所とそこでおこなう行為・職業とその仕事内容について学習します。絵カードつき。◉ A4 判　64 ページ・定価 1,650 円

163

ことばを育てるワークシート
書いて身につけるコミュニ
ケーション＆ソーシャルスキル

コミュニケーションや社会適応力を
身につけるために必要な「ことば
の概念」を理解する学習教材。
● B5 判・144 ページ・
定価 1,980 円・合同出版

とけいがよめるワークシート
スモールステップで
じこくをマスター

時計を見て、今何時何分か読み
取る力を育てます。書いて消せるボ
ードつき。何度も練習できます。
● A4 判・128 ページ・
定価 1,980 円・合同出版

ことばの発達
ワークシート❶
因果関係と理由編

物事の【原因→結果】という因果
関係を理解し、「理由の説明」が
できるように練習します。
● B5 判・110 ページ・
定価 1,980 円・合同出版

ことばの発達
ワークシート❷
ボディイメージ編

ことばの学習でからだの部位や動
きの名前を覚え、子どもの身体認
知能力を高めるワークです。
● B5 判・104 ページ・
定価 1,980 円・合同出版

なまえのことば学習カード
絵と字で教えることばの
理解・発語・書字

絵と字のマッチング、字の模写、書字、
聞きとり、聞き書きなど5通りの学習に
活用いただけます。●絵・文字カード
各 100 枚・白紙カード 8 枚・説明書
つき・定価 3,080 円・合同出版

マッチングカード

マッチング学習を始めたばかりの
子ども向け。カードを合わせ、「同
じ」という概念を学びます。●絵・
文字・白紙カード 56 枚・説明書つ
き・ケース入り・定価 1,100 円

季節のことばカード

四季の食べ物や植物、行事など
の絵カード。季節の概念や、語彙
を増やす学習に活用いただけます。
●絵カード 56 枚・説明書つき・ケ
ース入り・定価 1,100 円

動作のことば学習カード
100 のうごきを絵・
文字でマスター

使い方は6通り。生活に身近な
100 の動きで、1〜2語文の「動作
のことば」をマスターします。●絵・
文字カード各 100 枚・白紙カード 8
枚・説明書つき・定価 4,950 円・
合同出版

色カード
〜基本の 12 色の
マッチング〜

書字や聞き取りなど、4ステップで
色の概念を学びます。つまずいた
時の学習例など、解説つき。●色・
文字・白紙カード計 52 枚・説明書
つき・ケース入り・定価 880 円

「発達プログラム」・書籍・教材のご注文はオンラインショップまで
https://kololo.shop-pro.jp/

はじめての運筆①
発達障がい児のための
めいろブック

枠の中に線を引くことで、追視や目と手の協応運動を促し、手のコントロール力を身につけます。● A4判・132 ページ・定価 1,100 円

はじめての運筆②
発達障がい児のための
線つなぎブック

2つの点を見比べて線を結ぶことで、照合力や弁別力など、目と手のコントロール力を鍛えます。● A4判・144 ページ・定価 1,100 円

はじめての運筆③
発達障がい児のための
模写ブック

図形やひらがなのお手本を書き写し、見て書き分ける力や手と目のコントロール力を伸ばします。● A4判・134 ページ・定価 1,100 円

自閉症児のためのことばの教室
新発語プログラム①
無発語から発語までの
31 ステップ

すぐに実践できる、発語できるようになるまでの指導方法を 31 ステップでわかりやすく解説。石井 聖【著】● B5 判・166 ページ・定価 2,200 円・学苑社

自閉症児のためのことばの教室
新発語プログラム②
発語してから会話・概念獲得
への 32 ～ 60 のステップ

ことばが出てから会話できるまでを重点的に、自分で考えられるようになるプロセスを解説。石井 聖・羽生 裕子【著】● B5 判・192 ページ・定価 2,420 円・学苑社

発達に心配のある子が
座れる! まねる!
ことばが育つあそびうた

オリジナル曲の楽譜や教材の作り方、集会のコツを解説。DVD つきで着席・発語を促します。● A5判・48 ページ・DVD つき・定価 2,750 円

自閉症児のことばの学習
話せるようになって
からの概念学習

文字が読め、発語のあるお子様に知ってほしいことばと概念について、学習法をまとめた一冊。● A4 判・192 ページ・定価 5,093 円

ぐんぐん脳活①
発達障がい児者
のための自習ドリル
文字と図形の模写・書写

お手本をよく見て書き写す練習をします。照合力を高め、目と手の協応動作を促します。● A4 判・104 ページ・定価 1,320 円

ぐんぐん脳活②
発達障がい児者
のための自習ドリル
かずとたしざん

簡単な数列・物数えから、身の回りの数字を読み取る総合問題まで、段階別の計算ドリルです。● A4判・146 ページ・定価 1,320 円

おわりに

　コロロ発達療育センターは、まもなく創立から 40 年を迎えます。この間、私たちは自閉症児者とその家族がよりよい状態で安心して暮らせるよう、心をくだいてきました。そうした日々の療育の中から生まれたのが、季刊誌「発達プログラム」です。1988 年に会員向けに発行を始めたこの雑誌は、もうすぐ第 170 号を迎えます。30 年以上にわたって出し続ける中で、自閉症に関するさまざまなことがらを発信してきましたが、本書では、「発達プログラム」に掲載された記事の中から、具体的な療育方法に関するものを中心にお伝えいたしました。

　コロロには、重度と言われる自閉症児者が多く通室（成人施設では通所・入所）しています。発語がない、困った行動が多くてどう対応していいのかわからない……といった子どもたちを抱えている家族、学校の先生、施設の指導員の方々に本書を手に取っていただくことで、日々の療育への一助になれば私たちにとって望外の喜びです。

2023 年 8 月

コロロ発達療育センター

コロロ発達療育センター

1983年創立。自閉症、広汎性発達障がいなどの診断を受けた子どもや、集団に適応できないなどの問題を抱える子どものための指導方法を研究・実践する療育機関で、現在各地の教室で多くの子どもが療育を受けています。
コミュニケーションがとりづらい、問題行動やこだわり・パニックが頻発して家庭療育がままならないなど、さまざまな問題に対し、独自の療育システム（コロロメソッド）による具体的な対応法・療育方法を提示し、家庭療育プログラムを組みます。幼稚園や学校に通いながら、他の療法とも併せてプログラムを実践することができます。
コロロメソッドがよくわかる出版物を多数刊行しています。詳細はHPをご覧ください。
ホームページ　https://kololo.jp
監修者　久保田小枝子（社会福祉法人コロロ学舎　理事）
編集協力　社会福祉法人コロロ学舎

装幀─後藤葉子（森デザイン室）
装画─ニシハマカオリ
本文組版─酒井広美（合同制作室）
本文イラスト─ Shima.

はじめてのコロロメソッド
自閉症の子の生活力をつける
療育プログラム

2023年9月30日　第1刷発行

編　者　　コロロ発達療育センター
発行者　　坂上美樹
発行所　　合同出版株式会社
　　　　　東京都小金井市関野町1‑6‑10
　　　　　郵便番号　184‑0001
　　　　　電話　042（401）2930
　　　　　振替　00180‑9‑65422
　　　　　HP　https://www.godo-shuppan.co.jp
　　　　　印刷・製本　株式会社シナノ

■刊行図書リストを無料進呈いたします。
■落丁・乱丁の際はお取り換えいたします。